龍谷大学アジア仏教文化研究センター
文化講演会シリーズ 3

楠 淳證 編

修二会

お水取りと花会式

聖地に受け継がれし伝灯の法会

目次

南都《なんと》の法会《ほうえ》——仏に成る道——……73

龍谷大学文学部教授　楠　淳證

序辞

寛永十六年（一六三九）に西本願寺阿弥陀堂北側に創設された「学寮」を淵源とする龍谷大学は、およそ三百八十年に及ぶ仏教研究の蓄積を基盤として、世界的な仏教研究の拠点をめざして「世界仏教文化研究センター」を設立いたしました。その傘下にあるのがアジア仏教文化研究センターです。

アジア仏教文化研究センターでは、文部科学省が進める私立大学戦略的研究基盤形成支援事業に採択された研究プロジェクト「日本仏教の通時的共時的研究――多文化共生社会における課題と展望――」（二〇一五年度～二〇一九年度）を五年間にわたって推進してまいりました。その間に数多くのシンポジウムや講演会等を実施いたしましたが、本書は二〇一七年度より二〇一八年度にかけて実施された文化講演会「聖地に受け継がれし伝灯の法会」をもとに、新たに、以下の順で編集したものです。

一　奈良時代から続く不退の行法――東大寺修二会の世界――　狭川　普文
二　修二会花会式――薬師寺の伝灯法会――　加藤　朝胤
三　南都の法会――仏に成る道――　楠　淳證

一般的に法会とは「華麗な儀式」と思われがちですが、実は仏道《ぶつどう》の一環に他なりません。この点では、平成二十八年（二〇一六）九月に刊行した『回峰行《かいほうぎょう》と修験道《しゅげんどう》――聖地に受け継がれし伝灯の行――』（法藏館）で明らかにした千日回峰行や修験道とまったく同じです。このことを明らかにすべく、続編の形で本書を公刊することにいたしました。

「お水取り」の名と華やかな「お松明《たいまつ》」で知られる東大寺修二会。華麗な造花で彩られることから「花会式」の名で知られる薬師寺修二会。いずれも、五穀豊《ごこくほう》穣《じょう》・天下泰平《てんげたいへい》・風雨順時《ふううじゅんじ》・万民豊楽《まんみんぶらく》などの国家・国民の幸せを祈る法会ではありましたが、その本質は仏道実践のための悔過法要でした。本書では、その詳細を両寺の長を勤められる狭川普文東大寺別当・加藤朝胤薬師寺管主に解き明かしていただきました。

本書を手がかりとして、聖なる地でなされる聖なる行のあり方に、あらためて思いをはせていただければ幸いです。

令和元年（二〇一九）十一月二十三日

龍谷大学アジア仏教文化研究センター
センター長（編集者）楠　淳證

奈良時代から続く
不《ふ》退《たい》の行《ぎょう》法《ぼう》

―東大寺修《しゅ》二《に》会《え》の世界―

華厳宗管長・第二二三世東大寺別当
狭川普文

一　はじめに

東大寺の二月堂《にがつどう》において行なわれる「修二会《しゅにえ》（十一面悔過法要《じゅういちめんけかほうよう》）」は、天平勝宝《てんぴょうしょうほう》四年（七五二）に始まり、「不退《ふたい》の行法」として現代にまで継承されてきました。一般的には「お水取り」の名で知られていますが、それは正しい名称ではなく、正式には修二会といいます。

私も昭和五十二年に新入《しんにゅう》（初めて籠《こも》ること）してから参籠《さんろう》回数は三十回を数え、平成二十八年には三十一回目の参籠を控えていました。ところが、同年二月に実母が急死いたしましたので籠ることが出来なくなりました。「修二会」に参籠するためには、本人が健康であることと声明《しょうみょう》および所作《しょさ》の稽古や暗記が必須になるのですが、その前に厳然たるハードルがあります。それは「二月堂物忌令《ぶっきれい》」です。実の親が亡くなった場合は一年、あるいは祖父母になると五ヵ月などといった服喪《ふくも》期間が設けられており、その間は籠れなくなるのです。逆に、籠っている時に悲報が来ても、自坊に帰ることは許されません。服喪中の時は、参籠する予定の僧侶の代わりに誰かが急遽、参籠することになるのです。この

東大寺大仏殿

年は、他にも服喪があったので、四名の僧侶が代役で参籠しました。

東大寺の二月堂「修二会」に参籠する僧侶は、「練行衆《れんぎょうしゅう》」と呼ばれます。俗界を離れて精進潔斎《しょうじんけっさい》し、自坊から離れて寝食を共にし、行法専一に励《はげ》むところから生じた名称だといわれています。明治以降は十一人に決まりましたが、それ以前はだいたい二十人前後であったと伝えられています。

練行衆の人選にあたっては、健康であり、かつ服喪期間中でないことが第一の条件となり、その上で東大寺塔頭《たっちゅう》の住職や徒弟《とてい》および末寺の僧侶の中から選ばれます。東大寺開《かい》山《さん》の良弁僧正《ろうべんそうじょう》の忌日《きじつ》法要（十二月十六日）が行なわれる直前に、管長から練行衆の交名《きょうみょう》（役名と僧侶名が記された文書）が発表されるのです。

また、修二会に関する運営は練行衆に委《ゆだ》ねられており、他の干渉を許さないというしきたりもあります。十一人の練行衆の内、上席の四名を四職《ししき》といい、それ以下の七名を平衆《ひらしゅ》といいます。行法中にはさまざまな懸案事項がおきますが、これについては四職が協議して対応することになっています。四職になると、役として担当する時間が平衆よりも増え、行法の流れ全体を掌握する責務と後進の育成指導に注力することが求められるようになるのです。このような伝灯を有する修二会という法会について、本稿ではその起源から特色等について、お話いたします。

二　東大寺と法会

聖武《しょうむ》天皇治世の奈良時代

奈良時代は華やかな時代であると同時に、政変・干ばつ・飢饉《ききん》・凶作・大地震・天然痘《とう》の大流行などが相次ぎ、惨憺たる時代でもありました。そのような中、神亀《じんき》元年（七二四）二月に聖武天皇が二十四のお歳で、ご即位なさいます。神亀四年（七二七）十月には皇太子・基親王《もといしんのう》がご誕生になられたものの、神亀五年（七二八）九月には夭折してしまわれます。そこで、同年十一月に基親王の追福菩提のために良弁（六八九―七七三）を筆頭に智行僧《ちぎょうそう》九人を住僧として、金鍾山寺《きんしょうさんじ》が建立されます。天平十三年（七四一）に国分寺・国分尼寺（金光明寺《きんこうみょうじ》・法華寺《ほっけじ》）建立の詔《みことのり》が出されると、金鍾山寺は昇格して大和国金光明寺となります。これが東大寺の前身寺院です。

東大寺天平《てんぴょう》創建と大仏

聖武天皇の発願により創建された東大寺金堂《こんどう》（大仏殿）には、本尊として『華厳経《けごんきょう》』の教主である盧舎那《るしゃな》大仏が安置され、天平勝宝《てんぴょうしょうほう》四年（七五二）四月に「大仏開眼供養《かいげんくよう》会《え》」が盛大に厳修《ごんしゅう》されました。盧舎那仏という名には「世界を照らす仏」「ひかり輝く仏」という意味があり、宇宙の真理を体得された釈迦《しゃか》如来の別名です。ただし、「照らす」とか「ひかり」などといっても、可視光線ではありません。智慧《ちえ》と慈悲《じひ》の輝きを意味しています。すなわち、その左手で宇宙の智慧を、その右手で智慧による慈悲をあらわしながら、人々が思いやりの心でつながり、絆を深めていくことを願われたのです。そこで聖武天皇は、人々が思いやりの心でつながり、こども達の命が次世代に輝くことを真剣に考えられ、動物も植物も共に栄えることを念願されました。そして、造像にあたっては、広く国民に「一枝の草、ひとつかみの土」の助援《じょえん》を呼びかけられたのです。そのような聖武天皇の思いは、大仏造立のみならず、一方では医療福祉、高齢者や子供への支援等となって現われました。

なお、大仏の造立は皇室や政府の事業としてのみならず、国民に結縁《けちえん》を求めて助力を得ることで完成させようとした点に特色があり、これはそれまでの官大寺《かんだいじ》建立とは明らかに

盧舎那仏

異なるものでした。すなわち、それは一般国民を知識《ちしき》（協力者）として造立を果たそうとする意図のものであり、この精神はその後、各時代の再興や修理の折りにも行なわれるようになり、現代に至るまで受け継がれてまいりました。

華厳《けごん》の教え

東大寺は、華厳宗《けごんしゅう》の大本山です。数あるお経典の中で、『華厳経』の教えを広く伝えてまいりました。その教えによれば、世界に存在するあらゆるものは、それぞれに密接な相関関係の上で成り立っており、互いに融合し調和を保ち、秩序ある世界を形成していると説かれています。少し難しい言葉でいうと「事事無碍《じじむげ》」となりますが、要するに「ひとつは全ての中に、全てはひとつの中に観ることができる」と説かれているのです。自他をきびしく峻別して自己のみを愛し、他者をきずつける私たちの愚かな世界観とはまるで異なっています。この教えを聞いて、人は「まことの人」と成る道を教えられてきたのです。東大寺が八宗兼学の道場となって以降は、華厳の教えは寺内の尊勝院《そんしょういん》を本所《ほんじょ》として学ばれることとなり、華厳を主として学ぶ華厳宗僧によって修二会は継承されていきました。

法会《ほうえ》の実践

日本の古代の寺院では、読経《どっきょう》・講説《こうせつ》・悔過《けか》・論義《ろんぎ》・説戒《せっかい》を核とする法会が行なわれるようになり、習礼《しゅらい》（練習のこと）を完了した衆僧《しゅうそう》らによる出仕《しゅっし》がなされました。特に、学侶《がくりょ》（学問を専一とする寺僧）の立身出世にも直結した論義法会には、四箇《しか》法要（唄《ばい》・散《さん》華《げ》・梵音《ぼんのん》・錫杖《しゃくじょう》）を基本として、問者《もんじゃ》と講師《こうじ》による問答や読師《どくし》による経題の読み上げなどが組み込まれました。古来通りに庭儀《ていぎ》で行なわれる場合は、四箇法要の合間に舞楽《ぶがく》までもが入れられました。その一方で、国家の安寧《あんねい》や五穀豊穣《ごこくほうじょう》等を祈念する悔過法要（修正会や修二会）も、数多く行なわれました。

東大寺では、創建当初より「十二大会」という法会が行なわれてまいりました。この中には修正会《しゅしょうえ》や修二会などの悔過法要は含まれておらず、四月以降実施の法会ばかりがあげられています。これを、月日をおって一覧にすると、およそ次のようになります。

三月十四日……花厳会《けごんえ》／請僧百八十人
四月八日………仏生会《ぶっしょうえ》／請僧《しょうそう》八十人
五月二日………御斎会《みさいえ》／請僧百人

六月十四日……万華会《まんげえ》／請僧八十人
六月二十三日……千華会《せんげえ》／請僧八十人
六月二十八日……解除会《けじょえ》／請僧百人
七月十五日……伎楽会《ぎがくえ》／請僧八十人
七月十九日……梵網会《ぼんもうえ》／請僧百人
九月十五日……般若会《はんにゃえ》／請僧百八十人
十一月十四日……千燈会《せんどうえ》／十二導師《どうし》
十二月十日……法花会《ほっけえ》／四十聴衆《ちょうしゅう》
十二月十四日……万燈会《まんどうえ》／十二導師《どうし》

東大寺では、これらの法会が行なわれていました。そのためには準備する人たちの手間がかかかせず、材料はもちろん法具《ほうぐ》・法衣《ほうえ》なども整え、次第《しだい》（テキスト）の用意や誰に出仕《しゅつし》依頼をするかなどの構成力も必要でした。残念ながら、現在にまで伝わっている法会は「仏生会《ぶっしょうえ》」「御斎会《みさいえ》（聖武天皇祭）」「解除会《けじょえ》」の三法会のみであり、昔日《せきじつ》の感があります。

法会の規模と構成

法会（法要）の中身を知るためには、寺院史料の内、法会関係の文書・記録を見なければなりません。寺内で行なわれるさまざまな法会は、その寺の僧侶の修学の階級をもって役配されると共に、僧位・僧階昇進の条件とされ、法会が寺内組織を形作る上で重要な役割を果たしました。

法会の起源

東大寺の前身寺院として建立された金鍾山房《きんしょうさんぼう》（金鍾寺）に入った良弁《ろうべん》は、聖武天皇の四十歳を祝して、金鍾寺に審祥《しんじょう》大徳（生没年代不詳）を招いて「華厳経講説」を実現しました。このことによって聖武天皇の盧舎那仏造立の教学的裏づけを得ることとなり、東大寺創建の重要な契機になったといわれています。審祥による『華厳経六十巻』の講経は、天平十二年（七四〇）から三年にわたって行なわれ、結願の翌々年にあたる天平十六年には聖武天皇による勅《ちょく》が下され、『華厳経疏《けごんきょうそ》』の講説に経済的裏づけを与える「華厳別供《べつぐ》」が設けられました。いうまでもなく、華厳宗の興隆を図ってのものです。いわゆる「華厳別供」とは、供料《くりょう》を負担する財源としての水田二百余町のことをいい、この華厳別供を経営し講説を開催する運営機関として寺内に、「華厳供所」が設置されました。ここに属して『華厳経』の講説を推進する僧侶たちは「華厳修学僧《しゅがくそう》」として結衆《けっしゅう》を構成していきました。以降、『華厳経』の講説は五十余年にわたり毎年開催されることになり、それにともなって講じられる『華厳経』も旧訳《くやく》の『六十華厳』から新訳の『八十華厳』に変わっていきました。

その一方で、宮中や諸寺院においては「国家平安」のための『大般若経』の「転読《てんどく》」や、『金光明最勝王経《きんこうみょうさいしょうおうきょう》』『法華経』などの「読経」、あるいは経典・論典の教理についての「論義」なども盛んに催され、教学の研鑽が深められていきました。かくして、読経・講経・悔過・論義・説戒を核とする法会が行なわれるようになりました。法会勤修の目的は、いうまでもなく仏道成就のための智慧と慈悲の実践にありましたから、必然的に法会もまた自利行《じりぎょう》（自行・智慧）と利他行《りたぎょう》（利他・慈悲）の二面性を有するものとなりました。なお、平安期以降はこれらの法要以外にも、八宗兼学の道場である東大寺では、法相宗《ほっそうしゅう》・三論宗《さんろんしゅう》・倶舎宗《くしゃしゅう》・成実宗《じょうじつしゅう》・華厳宗・律宗《りっしゅう》・天台宗《てんだいしゅう》・真言宗《しんごんしゅう》に関する法要が寺内の各所で行なわれていました。これら八宗の教学を寺内で学ぶための学頭《がくとう》組織もあり、相互に学び合い、講師として高僧を招いたり、高僧の山房を訪れて学業に励んだりしていました。

このような中、悔過法要の一つとして、二月堂《にがつどう》で修二会が行なわれるようになるのです。

三　二月堂修二会の成立とその勤修《ごんしゅう》

二月堂

「二月堂」という呼称は、九世紀後期には寺内で通用していたことが確認されています。このお堂を道場として修せられた行法が修二会ですが、伝えられるところによれば、天平勝宝三年（七五一）に良弁の弟子であった実忠《じっちゅう》（生没年不詳）が笠置《かさぎ》山での修行中に兜《と》率天《そってん》の常念観音院《じょうねんかんのんいん》に登り、天人たちの行ずる「十一面観音悔過《じゅういちめんかんのんけか》」を見て下界《げかい》でも行じたいと願い、二月堂を創建して天平勝宝四年より始めたといいます。後に寺内の年中行事となりますが、寺家《じけ》からの下行はあくまで「仏僧供《ぶっそうぐ》」料に限り、食料・諸下行料・雑用料は含まれず、寺家の諸法会の下位に位置づけられていました。

十二世紀後半になると二月堂は俗に「南無観寺《なむかんじ》」と呼ばれるようになり、寺内の印蔵に納められた「小観音像」を法会の主尊として堂内に迎え、「本仏前（大観音）」に安置して、参籠する僧侶十五〜六人により、二七日（二週間）にわたる行法が勤修されるようになり

二月堂

ました。南無観の宝号が注視されて二月堂の異称となったことは、南無観と称える悔過作法こそが修二会の中心をなす法要形式であったことを示唆しています。修二会でなされる「十一面悔過」は、一日を六時（日中《にっちゅう》・日没《にちもつ》・初夜《しょや》・半夜《はんや》・後夜《ごや》・晨朝《じんじょう》）に分けて繰り返される悔過作法を中軸とするもので、祈願・呪禁《じゅごん》作法を伴って構成されていました。

具体的な修二会の運営は、学侶《がくりょ》（寺方）と堂衆（堂方《どうほう》）によって行なわれていました。すでにお話いたしましたように、練行衆は全部で二十名前後におよびますが、これらは学侶から選ばれていました。いわゆる学侶とは、学問を専一とする寺僧のことで、諸経論談《ろんだん》の学的経験を経て、伽藍《がらん》の維持と法会の勤修にあたりました。東大寺ではやがて、これら学侶衆の中から別当《べっとう》が推挙されるようになりました。一方、堂方は堂塔の管理運営にあたる者をいい、修二会を初めとする諸法会の準備なども受け持ちました。東大寺では上院《じょういん》地区に居住していた法華堂衆《ほっけどうしゅう》と大仏殿の下に居住していた中門堂衆《ちゅうもんどうしゅう》の二つの組織がありました。

修二会が創始された時の願主《がんしゅ》は実忠和尚自身ですから、もともと修二会は国家の意向を承《う》けて創始された法会ではありません。当初は、加行《けぎょう》の場を設けることにより悔過法要の習熟を図る僧団内の自行と認識されていました。したがって、当時より練行衆の自主的運営に委ねられ、実忠没後もその形態が踏襲されたのです。

良弁を筆頭とする華厳宗僧団の寺内活動

奈良時代は南都六宗の時代でしたので、東大寺でも六宗兼学がなされるようになり、従来からの華厳宗僧団（上院僧団）以外の諸宗僧衆によって、六宗の教学を修学するための諸法会が創始されていきました。そのため、華厳宗僧らの教学活動はいつしか全体の一部を占めるに過ぎなくなり、上院僧団とは異流の法系に連なる寺家指導のもとで東大寺の運営がなされるに至り、もはや寺内主流の座を保つことが出来なくなりました。しかし、天《てん》徳《とく》四年（九六〇）に尊勝院《そんしょういん》を建立して華厳宗本所《ほんじょ》とした光智《こうち》（八九四―九七九）の注目を受けるや、以降は華厳宗長吏《ちょうり》のかかわる法儀として、尊勝院の支配と後援のもとで継承されていくことになります。かくして、修二会は以降も華厳宗僧によって伝持・継承され、本所である尊勝院と密接な関係のもとで進められていくことになるのです。

不退の行法としての崇敬

平安後期になると修二会は僧団外においても注目されるようになり、俗人の聴聞者も見受けられ、巷《ちまた》にも知られる法会となりました。一般聴聞者と修二会行法を結ぶものは、悔過法要の功能《くのう》もさることながら「不退之行法」としての崇敬《すうけい》と、行法中に摺《す》られる牛玉宝印《ごおうほういん》の功徳《くどく》、更には変化に富んだ行法の所作《しょさ》や声明《しょうみょう》であったと考えられます。

俗人に向かって開かれ、彼らの信仰心を直接引きつける法会が多いとはいえない奈良から平安の時代の東大寺諸法会の中にあって、視聴覚的にわかりやすい多くの所作によって構成される二月堂の修二会は、希有《けう》の存在でした。いわば、寺僧の研鑚《けんさん》と並ぶ俗人の行法自体への信仰が、修二会の行法の存続を支える要因になったとも考えられるのです。そう考えると、練行衆と俗人聴聞者の融合こそが、仏教儀礼の真髄を示しているのではないかと思われます（以上は永村眞「平安前期東大寺諸法会の勤修と二月堂修二会」、『南都仏教』第五二号二月堂特集、参照）。

二月堂の性格と軌範意識――内陣と礼堂――

修二会が法会として実効力を保つためには、威儀《いぎ》と次第《しだい》を正しく確実に伝えてゆくことが不可欠でした。そして、その「威儀と次第の整った法会」を執行する空間が仏堂《ぶつどう》であり、修二会とともに長い歴史を刻んできたのが二月堂でした。

現在の二月堂は、内陣《ないじん》・外陣《げじん》・礼堂《らいどう》に分かれていますが、十四世紀までは内陣・礼堂という用語しか見られず、元応二年（一三二〇）に外礼堂《がいらいどう》、正中三年（一三二六）に内礼堂《ないらいどう》という用語が加わるようになります。ちなみに、現在の礼堂が内礼堂で、格子の西側の本山席が外礼堂にあたるようです。この堂内で修二会が行なわれるのですが、十二世紀前期には二十人前後いた練行衆《れんぎょうしゅう》でしたが、長承三年（一一三四）になると堂が狭いため二十六人を超えないよう定められました。また、その内の堂衆《どうしゅう》（禅衆）の数は八人を超えてはならないとも定められました。また、着座する場所も、内陣の南半分が堂衆、北半分が学侶《がくりょ》とされていました。このような学侶と同衆の区分は、礼堂の空間の使い分けにもおよび、社参の折に学侶は北の出仕口、堂衆は南の出仕口から出入りしていました。

修二会行法の伝承に際しては、内陣、内礼堂、外礼堂などの空間が有効に活用されており、法会と仏堂の特質が相互に深くかかわっています。特に二月堂の場合、創建以来の仏堂が改修・増築を繰り返しながら十七世紀まで使用し続けられてきたことが、修二会の軌範意識とあいまって、緊密な相互関係を保持し続けさせた要因であろうといわれています（山岸常人「修二会と二月堂―その相互関係をめぐって―」、GBS論集第8号『東大寺二月堂―修二会の伝統とその思想―』、参照）。

このような二月堂を舞台に練行衆は悔過行法を実践するのですが、しかし悔過を奉ずる練行衆といえども、時には過ちや罪を犯す事があります。その際には、厳しいほどの処分が科せられます。そして、その罪過の程度に応じて唐櫃際《からびつぎわ》、内礼堂、外礼堂、本尊宝前のいずれかの場所で、回数を指定して懺悔《さんげ》をさせる義務もまた継承されてきました。罪過が科される要因は主に、体調不良、行法の手順の誤りや次第の混乱、服忌の三種でした。このような厳しさをもって、臨時の僧集団である練行衆が自治的な意志決定を随時開催し、修二会の威儀と次第を頑固に継承してきたのです。

建造物としての二月堂（平成十七年＊国宝指定）

二月堂創建は天平勝宝四年（七五二）ですが、先にも述べたように、現在に至るまで兵火や出火などのさまざまな苦難を乗り越え、修復・復興の歴史を刻んできています。

そもそも二月堂という建物は、『東大寺要録《とうだいじようろく》』「二月堂修中練行衆日記《にがつどうしゅちゅうれんぎょうしゅうにっき》」などの記録を見ると、平安時代までは三間二面と記されるかなり小規模な仏堂でした。治承四年（一一八〇）の兵火では辛くも焼け残りましたが、湯屋《ゆや》・閼伽井屋《あかいや》は焼失しました。その後、元久三年（一二〇六）になって修復され、一二二〇年頃には三面庇《さんめんひさし》（今の外陣か）が附加されました。しかし、康元二年（一二五七）になると修二会中に内陣より出火。圓照上人の尽力によって修復工事がなされ、文永元年（一二六四）上棟され、さらにやや経過した十四世紀初期までに側面・背面の局《つぼね》も出来上がったようです。

このように、創建当初の二月堂の規模は、いわゆる内陣だけでしたが、中世になって篤信者を多く収容する必要から、およそ五十年程の間に三回拡張工事が行なわれ、現在は局として利用されている東面、南北両面の三面が増築されたと考えられます。

その後も火災は続き、永禄七年（一五一〇）・永禄十二年（一五六九）には修二会中に内陣より出火しますが大事には至らず、永禄十年（一五六七）の三好・松永の兵火でも難を逃れています。しかし、寛文七年（一六六七）に達陀《だったん》の松明《たいまつ》の残り火で全焼してしまいました。これは、二月堂として四度目の出火でした。しかし、英性法印の尽力で江戸幕府の協力を得て、焼失後二年たった寛文九年には復興されました。この間の修二会は法華堂で行なわれたと伝えられています。

現在の二月堂は、桁行《けたゆき》十間・梁行《はりゆき》七間、寄棟造《よせむねづく》りのかなり大規模な仏堂です。建物は西面し、棟は東西に通る。斜面に建つので、いわゆる懸崖造《けんがいづく》りの形態をとっています。堂内の内陣は独立した建物の体裁を取り、切妻造《きりづまづく》り板葺《いたぶき》の屋根をかけ、その四周は一部を除き桟唐戸《さんからと》で閉じられています。室町時代の「二月堂曼荼羅《まんだら》」を見ると明らかですが、江戸期焼失前の二月堂の屋根の形とはまるで異なっています。

小観音二月堂常置の年代

二月堂の堂内には、大小二躰《たい》の十一面観音菩薩像が秘仏として厳重に安置されています。十四日間にわたる修二会の本行を前後に分け、上七日（三月一日〜三月七日）は須弥壇《しゅみだん》中央の大観音《おおかんのん》を本尊とし、下七日（三月八日〜三月十四日）は大観音宝前の厨子《ずし》に納められた小観音《こがんのん》を本尊とし、法要が勤修されてきました。小観音は実忠によって補陀落山《ふだらくせん》から勧《かん》請《じょう》され、二月堂に安置されたという伝承があり、他の寺で見られるような秘仏の前に安置する前立ちではありません。治承四年（一一八〇）の戦火や寛文七年（一六六七）の失火の折には、何はさておいても火中から救出された小観音であり、このお像は修二会行法の根本の本尊として厨子に納められ、神聖視されてまいりました。

『七大寺巡礼私記《しちだいじじゅんれいしき》』と西南院本《さいなんいん》『覚禅抄《かくぜん》』「十一面観音法《じゅういちめんかんのんほう》」の裏書《うらがき》には、二月堂に二躰《たい》の十一面観音像のあることが指摘されています。また、覚禅（一一四三―一二一三？）は『類聚抄《るいじゅしょう》』を註釈する中で、「八日に迎える印蔵《いんぞう》の像は補陀落観音である」と伝えています。

印蔵とは東大寺にあった蔵の一つで、『東大寺要録《とうだいじようろく》』によれば上司《かみつかさ》の大庁に隣接して建ち、東大寺印などの寺印や寺内の重要な文書が納められた特殊な蔵でした。この記録によって、小観音が二月堂に常置されず、印蔵に収められていた時期のあったことがわかります。ちなみに、『十一面抄』には保安四年（一一二三）に、小観音が印蔵に保管されていたと記されています。ところが、治承四年（一一八〇）十二月二十七日の平重衡《たいらのしげひら》の南都焼き討ちによる類焼から逃れるため、「修二会期間以外ではあるが小観音は兵火から救出されていた」と伝えられていますので、この時代になると小観音は印蔵を出て二月堂に常置されていたと考えられます。また、『練行衆日記《れんぎょうしゅうにっき》』の久安四年（一一四八）の項に、維順《ゆいじゅん》という練行衆が大観音を本尊として行なう五日の走りの最中に、本尊仏後に置かれた小観音の厨子《ずし》を壊したという記載があるので、すでに堂内に小観音が常置されていた一つの証拠となります。また、大治四年（一一二九）には印蔵に印蔵像と称せられた小観音が保管されていたことも、諸研究によって明らかになっています。したがって、小観音が常置されるようになった年代は、大治四年（一一二九）から久安四年（一一四八）の間であったと限定することができます。

鎌倉時代に東大寺が復興されていく最中の元久三年（一二〇六）に、増改築された二月堂の供養を経て小観音は秘仏となり、また縁起も作られたようで、小観音の常置が二月堂の発展とリンクし、秘仏の扱いを受けるようになったと考えられます（以上は川村知行「東大寺二月堂小観音の儀礼と図像」、『南都仏教』第五二号二月堂特集、参照）。

修二会全般に関わる声明が持つ意味

悔過会《けかえ》は、罪障《ざいしょう》を懺悔《さんげ》するための法要です。正月や二月に勤修《ごんしゅ》される悔過会は、神道《しんとう》における祈年《きねん》祭の仏教的表現と考えてよいでしょう。すべてに清浄《しょうじょう》を求める本質も、来る年の除災招福を祈り願う目的も、神道とまったく変わりません。餅や造花椿で荘厳《しょうごん》するのは招福を象徴するものであり、実り豊かな年となることを願う人々の思いが、視覚的にも鮮やかに表現されています。そして、本尊を讃嘆《さんだん》しながら日夜六時《にちやろくじ》に礼拝《らいはい》・行道《ぎょうどう》する練行衆の心情を本尊が納受し、その罪障を許し、その願望を叶えるのです。また、練行衆の練行の功徳は広く波及して、多くの人々のさまざまな願望をも叶えます。このような目的をもつ修二会という法会は、八世紀半ば過ぎには、すでに公的な恒例行事として認識されていました。

修二会では六時の悔過作法ばかりでなく、戒律や懺悔に関わる作法、神道や正純密教《しょうじゅんみっきょう》、

上堂松明

12 日の上堂松明

民間習俗や伝説に至るまで、実に様々な要素が指摘されています。しかし、これらの要素が有機的に関わり合い、ひとつの法会として成立しているのが、修二会の大きな特色であるといってよいでしょう。

神名帳《じんみょうちょう》の奉読《ほうどく》

悔過会の特色の一つとして、《神名帳》の奉読事例の多さがあげられますが、修二会の神名帳は記載神も多く、唱法にめりはりがあり、前後の所作にも特色があるなど、他には例がない程大きな存在感を示しています。堂司《どうつかさ》が奉読役に神名帳を渡すまでの作法にも人目を引くものがあり、他寺の作法にこれほど丁重な作法は見受けられません。

記録によると、神名帳の奉読は学侶《がくりょ》に限られ、堂衆《どうしゅう》がその任に携わることはありませんでした。この事例は少なくとも宝暦十三年（一七六三）までは実施されており、特に学侶の中でも得業《とくごう》（竪義《りゅうぎ》という試験を終えた者）の称を得た者の奉読例も多く、なおざりに扱われる役ではなかったことが分かります。

ところが、『修中日記《しゅちゅうにっき》』の応永二十二年（一四一五）の特記事項には、堂衆である光真《こうしん》が権処世界《ごんしょせかい》（堂内の掃除や準備等を行なう処世界の補佐役）であるにもかかわらず、神名帳奉読の能読者であるという点だけで、学侶の座である北座に着座したと記されていますので、変遷のあったことがわかります。いずれにせよ、修二会は祈年の目的で始められ、その長い歴史の中でさまざまに技が磨かれ、神名帳の奉読などの工夫も加えられ、ついに神名帳奉読は修二会に欠くことの出来ないものとなったのです。

過去帳の奉読

三月五日と十二日に読み上げられる《過去帳》の奉読もまた、増築が繰り返された鎌倉期から始まったものと考えるのが最も妥当ではないかと思われます。過去帳読み上げの事例は神名帳読み上げの事例より遅れて確認され、『二月堂修中練行衆日記《にがつどうしゅちゅうれんぎょうしゅうにっき》』での初出は貞治《じょうじ》五年(一三六六)です。また、永禄から天正初期にかけての時期には、上七日あるいは下七日に、二度の過去帳読み上げの記録がありますので、現行の規定が定着するまでには曲折があったものと思われます。

要するに、二月堂本尊十一面観音菩薩を信奉する有縁の人々の思いを、毎年紡いでゆくと同時に、過去者となった人々の追善供養《ついぜんくよう》をも忘れず積み重ねてゆく行ないこそが未来を築いていくことであると、古代の人々は知っていたのです(以上は佐藤道子「東大寺二月

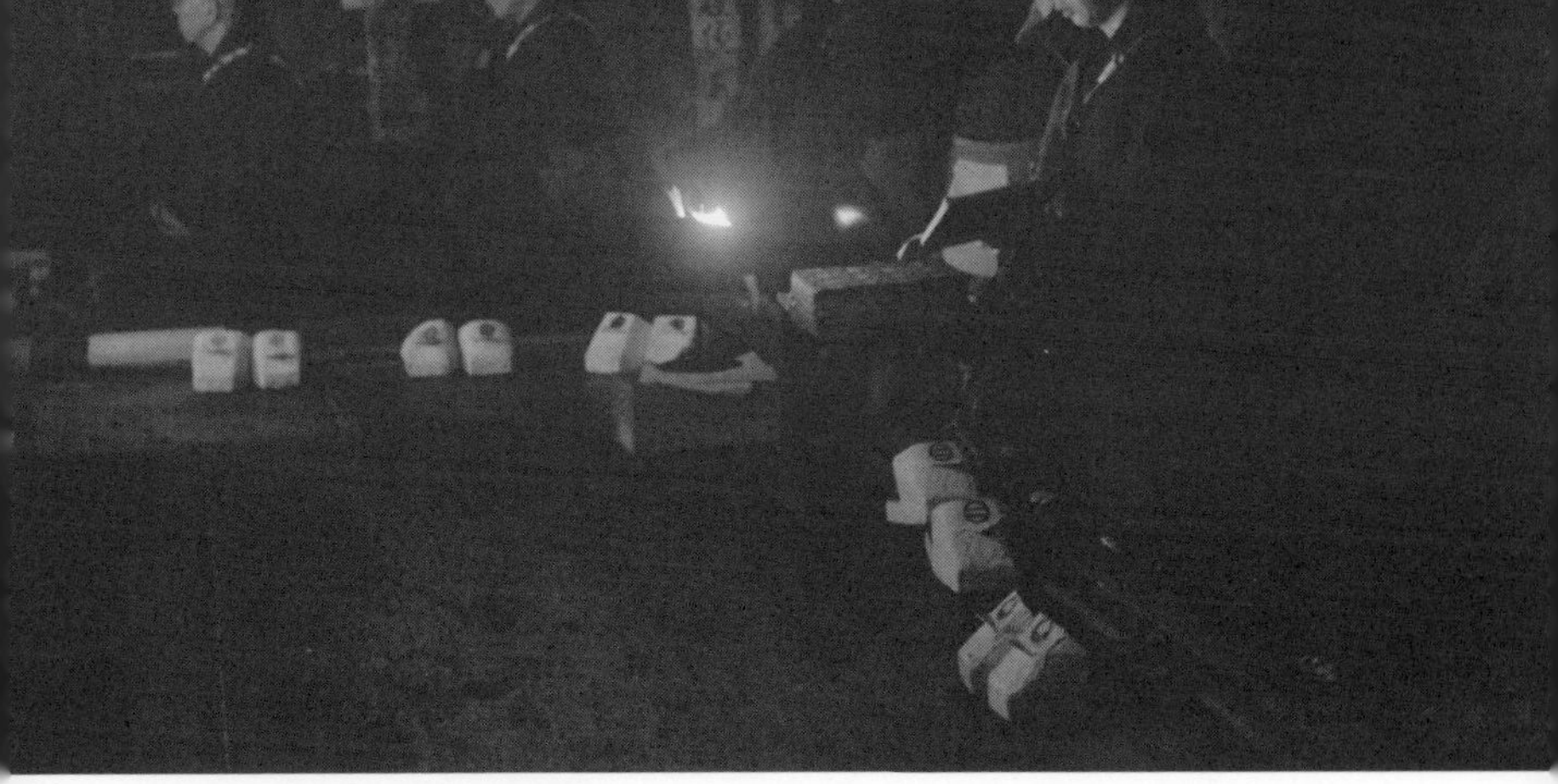

二月堂内陣（過去帳を奉読する場面）

堂修二会の神名帳奉読について」、GBS論集第8号『東大寺二月堂―修二会の伝統とその思想―』、参照)。

現代における参籠衆の構成

「修二会行法」は、練行衆だけでは成り立ちません。半俗半僧の三役《さんやく》、四職《ししき》の世話をする仲間《ちゅうげん》、練行衆おのおのに付く童子《どうじ》や食事の世話をする大炊《おおい》や院士《いんじ》など、総勢四十名程が、一ヵ月間共同生活をします。その構成を示すと、およそ次のようになります。

練行衆以外の三役はもちろんのこと、加供《かく》奉行や仲間・童子などを勤める俗人の者も、先述した物忌令の規定に従って、服喪がかかる場合には籠ることが出来ません。

また修二会に籠るわけではありませんが、修二会期間中の二月堂本堂・受納所の職員も、服喪期間にひっかかる場合は、行法の準備や祈禱の受付が出来なくなりますので、別の部署での勤務とふりかえることになります。

ちなみに、行法期間中は四月堂界隈及び二月堂裏参道入口の塔頭の門前に結界の注連縄《しめなわ》が張られますので、服者《ぶくしゃ》はそこから中に入ることが許されません。

- 参籠衆
  - 三役《さんやく》
    - 堂童子《どうどうじ》…礼堂《らいどう》・外陣《げじん》・閼伽井屋《あかいや》を掌握……湯屋童子
    - 小綱《しょうこう》…法会の会計・雑法務担当……湯屋童子・大炊・院士
    - 駈士《くし》…湯屋を掌握し雑法務担当……湯屋童子・庄之駈士
  - 練行衆《れんぎょうしゅう》
    - 平衆《ひらしゅ》
      - 総衆之一…平衆の統率役……童子
      - 南衆之一（南衆）…平衆《ひらしゅう》の次席……童子
      - 北衆之二（北二）……童子
      - 南衆之二（南二）……童子
      - 中灯《ちゅうどう》之一（中灯）…会中の書記役……童子
      - 権処世界《ごんしょせかい》（権処）…処世界の補佐役……童子
      - 処世界《しょせかい》…平衆の末席で雑用役……童子
    - 四職《ししき》
      - 和上《わじょう》…戒和上。練行衆に戒を授ける……仲間・童子
      - 大導師《だいどうし》…最高責任者として法会を統括……仲間・童子
      - 咒師《しゅし》…結界・勧請などの密教的修法《しゅほう》……仲間・童子
      - 堂司《どうつかさ》…法会進行上の監督責任者……加供奉行・仲間・童子

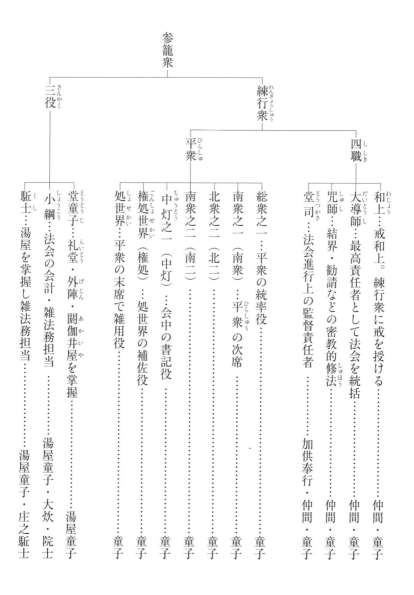

悔過法要の次第

明治になってからは練行衆の人数も十一人と定められ、前行《ぜんぎょう》となる別火坊《べっかぼう》は戒壇院庫《く》裡《り》を使用することとなり、前年の十二月十六日に選ばれた練行衆は、自坊を離れて二月二十日の午後七時までに別火坊に集合します。また、新入《しんにゅう》（初めて参籠する者）や、初めて大導師《だいどうし》を勤める者は、二月十五日の午後七時から試別火《ころべっか》に入ることになっています。

二月二十日から二十五日までの試別火の期間は、日常法務の急ぎの用事や忘れ物を自坊に取りに帰ることは出来ますが、寝泊まりや飲食は別火坊以外で取ることは許されていません。次いで、二十六日の朝から総別火《そうべっか》に入り、二十八日の午後三時頃に参籠宿所に上がるまでは土を踏むことは許されないので、外出することは出来ません。閏年《うるうどし》の時は、試別火が一日増えることになります。

この別火坊の期間中に、行中に使う差懸《さしかけ》の修理や、紙衣《かみこ》を絞ったりしながら準備を整えてゆきます。昼間は法華音曲《ほっけおんぎょく》（読経）や神名帳及び過去帳など自分一人で出来る稽古を行ない、夜は平衆全員で悔過の声明を稽古するのです。

本行《ほんぎょう》になれば、内陣や礼堂での所作《しょさ》（立ち居振る舞い）は、その向きや回数、格好など細かく決められていますので、間違い無く出来るように修練しておかなければなりませ

呪師の四王勧請

内陣の様子

ん。つまり、日常の法要のように座ったままではないので、誰かがどこかで間違えたならば、動きが止まってしまうことになるのです。

新入から五年を経過すれば、ようやく過去帳を読むことが許され、古練《これん》と呼ばれるようになりますが、なかなか平衆が行なうべき所作や声明をこなせるものではなく、ある程度身につくのは、やはり七～八年はかかります。ましてや、四職ともなると、平衆とはまるで違う内容の次第が控えているので、暗記もさることながら、担当する時間も増え、体調管理に配慮する必要があります。次に、六時の声明次第を見てみましょう。

日中	日没	初夜	半夜	後夜	晨朝
（午後一時頃～）		（午後七時～）			
三礼文《さんらいもん》	三礼文				
如来唄《にょらいばい》	如来唄				
発願	発願				
供養文	供養文	供養文	供養文	供養文	供養文
如来唄	如来唄	如来唄	如来唄	如来唄	如来唄
散華《さんげ》	散華	散華	散華	散華	散華

小咒願《しょうしゅがん》	小咒願	大咒願《だいしゅがん》	小咒願	大咒願	小咒願
声明《しょうみょう》悔過《けか》	声明悔過	声明悔過	声明悔過	声明悔過	声明悔過
宝号《ほうごう》	宝号	宝号	宝号	宝号	宝号
五体《ごたい》	五体	五体	五体	五体	五体
発願	発願	発願	発願	発願	発願
					粥食偈
五仏御名	五仏御名	五仏御名	五仏御名	五仏御名	五仏御名
		大懺悔《さんげ》		大懺悔	
		小懺悔		小懺悔	
小発願	小発願		小発願		小発願
	踞跪《ごうぎ》合掌				踞跪《ごうぎ》合掌
					六念《ろくねん》
破偈	破偈	破偈	破偈	破偈	破偈
心経《しんぎょう》	心経	心経	心経	心経	心経
後行道	後行道	後行道	後行道	後行道	後行道
香水加持《こうずいかじ》（六時全部　但し十三日以降）					
廻向文《えこうもん》	廻向文	廻向文	廻向文	廻向文	廻向文

表に記したものは、全員で動作を共にするものですが、これ以外に大導師の作法や咒師の作法、堂司の作法などが入ってくるので、これも含めて一覧表にすればさらに複雑なものになります。

昼の食堂作法《じきどうさほう》を終えると、翌朝の晨朝《じんじょう》が終わって下堂するまで、飲物を口にすることは許されません。午前中は参籠宿所でお茶などを飲むことは出来ますが、日没を終えて一旦下堂しても囲炉裏の茶釜は片付けられています。夕方にお風呂へ入ってから初夜上堂までは、少しだけ仮眠を取ることが出来ます。ただし、下座の処世界は、他の練行衆より一足先に上堂し、掃除や燈明の油を足したりと、準備作業を行ないます。昼の行は三時間あまりですが、夜の行は早くて翌日の午前一時過ぎ、遅くて午前四時を回ることがあり、毎日十時間程の行法が二週間続くことになります。

二月堂圓玄講社について

千三百年近く継承されてきた修二会行法は、すでにお話しましたように、実際に参籠する者だけでは維持することが出来ません。行法に使うさまざまな物品もまた、二月堂圓玄講社という篤信者の皆さんの組織から奉納されていることを忘れてはなりません。

行法中に使用する白衣《はくえ》も絹製品ではなく紙製品で、特別に漉《す》いてもらった仙花紙《せんかし》を綿の裏地で仕立てたものですし、達陀《だったん》の松明《たいまつ》に使用する檜《ひのき》は、およそ七百年前から「伊賀一の井松明講」より奉納されています。造花椿に使う紙は、染色家の吉岡幸雄先生に草木染めしてもらった仙花紙が奉納されていますし、松明の原材料になる真竹は山城松明講や他の組織からも奉納されています。松明を作る時に必要な藤蔓《ふじつる》は信楽《しがらき》の江州一心講から奉納され、内々陣《ないないじん》の須弥壇《しゅみだん》を結界《けっかい》する牛玉杖《ごおうづえ》（楊《やなぎ》の木）は河内仲組から奉納されます。

すべてが自然界で育ったものではありますが、楊は三年交替で場所を替えないと伐り取ることが出来ませんし、真竹も地上から九メートルの真っ直ぐのもので、五～六年目ものでなければなりませんので、百本の内やっと一本見つかるか見つからないかの確率の貴重なものです。

また、物品が奉納されるわけではありませんが、「お水取り行事」の時に閼伽井屋《あかいや》から内々陣に香水を運ぶ担ぎ手は、東香水講と河内永久社が担当されています。私が寺の仕事についた約四十年ほど前は講社も六十以上ありましたが、後継者がいないことから最近では三十程に減少しています。現在活動されている講社をご紹介すると、次のようになります。

大阪御正躰観音講	大阪市天王寺区	仙花紙
海老江二月講	大阪市福島区	
河内仲組	東大阪市	楊の杖六十本
河内永久社	東大阪市	お水取り行列
玉川一心講	東大阪市	
城州一心講	京都府城陽市	参籠宿所の花
江州一心講	滋賀県甲賀市信楽町	藤蔓（軽トラック二杯）
江州観音講	滋賀県木之本町	もち米モミ六斗
本部講	交野市	
山城八幡妙音講	八幡市	
奈良百人講	奈良市	燈明油（油量り）
乙万人組	京都府相楽郡精華町	
心念講	奈良市	
朝参講	奈良市	
今市信心組	奈良市今市町	
岩室組	天理市岩室町	
東香水講	奈良県山辺郡山添村	お水取り行列

泉川講	木津川市	
櫟本護摩講	天理市櫟本町	
山城松明講	京田辺市	根付き真竹
伊賀一ノ井松明講	名張市赤目町	達陀用の檜折れ枝五荷
二月堂観音講	奈良市	

以上の二月堂圓玄講社以外にも、行法のためにさまざまな品が奉納されています。例えば、灯明皿に使う灯芯は灯芯保存会、牛玉札《ごおうふだ》や陀羅尼札《だらにふだ》に摺《す》りこむ牛黄《ごおう》（漢方薬）は片桐青龍堂（堺市）と成光薬品工業株式会社（奈良県北葛城郡）等々、実に多岐にわたっています。

このように、毎年多くの方々のご寄進があって行法は続けられてきました。どの品物も精魂込めて用意されたもので、「十一面悔過法要」を継承してゆく上で、いずれもが尊く、僧侶のみならず多くの講社の方々が自利行と利他行とを実践されている証《あかし》であると思っています。

四　むすび

すでにお話いたしましたように、修二会行法は華厳宗僧の自利行として創始されたものでした。維持運営してゆく形態も多くの篤信者の寄進によるものであり、平安期と戦国時代に諸堂伽藍がいくさに巻き込まれた時も、行よりも復興に力を注ぐようにと朝廷や幕府より命じられましたが、それに従わず、不退の行法として継承され続けてまいりました。国家予算に頼らず、民間のちからで賄ってきた強みが出たわけです。

現代では、安全対策に注力する責務があり、二月堂界隈《かいわい》のどの場所で医療的な緊急出動が必要になっても、ストレッチャーがすぐに駆けつけることが出来るように、階段部分にはスロープと通路を設置確保しました。また、今まで写真撮影の場所として提供してきたエリアは、車椅子や足の不自由な方たちのためにスロープを設置し、松明を拝観してもらえるようにしました。

修二会行法は、火と水の祭典ではありません。あくまでも悔過法要です。松明は練行衆が二月堂に上がる道明かりであって、上堂してから始まる行法を聴聞するのが本来の参拝の姿です。

なぜ奈良時代から一度も絶えることなく継承されてきたのか、千三百年間の各時代に生きた人々の熱い祈りを静かに想い起こしていただきたいと思います。自利行と利他行とを、現代の世にも続けていくことを祈りながら、来年の修二会行法に想いを繋いでいきたいと願っております。

修二会花《はな》会《え》式《しき》

―薬師寺の伝灯法会―

法相宗大本山薬師寺管主
加藤朝胤

一　はじめに

奈良の薬師寺は、第四十代天武《てんむ》天皇と第四十一代持統《じとう》天皇により、今から千三百年前の白鳳時代に建立された寺院です。法隆寺《ほうりゅうじ》・東大寺《とうだいじ》・興福寺《こうふくじ》の諸大寺や薬師寺のように、奈良時代に建立された寺院は奈良仏教と言われ、国家のための仏教です。国家仏教というのは、五穀豊穣《ごこくほうじょう》・天下泰平《てんげたいへい》・風雨順時《ふううじゅんじ》・万民豊楽《まんみんぶらく》などの国民の幸せを願います。そのため、悔過《けか》法要というものを月ごとに厳修《ごんしゅ》致します。正月に勤める法要を修正会《しゅしょうえ》、二月に勤める法要を修二会《しゅにえ》と呼びます。その中で、さすがに東大寺になると規模が違います。東大寺では、寺中で一番中心のお堂である金堂《こんどう》（ご本尊を安置する仏殿）で修正会をお勤めになります。金堂というのは、東大寺の場合は大仏殿《だいぶつでん》です。また、二月に法要をお勤めするために建てられたお堂が二月堂《にがつどう》、三月の悔過法要をお勤めするために建てられたお堂が三月堂《さんがつどう》、四月の法要のためには四月堂《しがつどう》と、それぞれあり、さすがに東大寺はすごいなと思います。毎月、毎月、お堂を替えて、それぞれのお堂のご本尊の前で悔過法要をお勤めするのですから……。

これに対して薬師寺の修正会は、薬師三尊《やくしさんぞん》（薬師如来・月光《がっこう》菩薩・日光菩薩）をご本尊として安置した金堂で勤めます。もっとも、お正月に勤める修正会は吉祥天女《きちじょうてんにょ》をご本尊と致しますので、吉祥悔過《きちじょうけか》の法要です。薬師寺は、今から四百八十年ほど前の享禄《きょうろく》元年（一五二八）に大きな火災があり、多くの堂塔が焼失してしまいました。その後も、大切な伝灯行事も省略化されたり、また消滅する時代が続き、修正会の吉祥悔過も明治時代以降は省略化されてしまいました。しかし、そのようななかにあって修二会の法会のみは伝統にのっとり、三月二十五日から三十一日までの一《いち》・七日《しちにち》の間、今も変わらず勤められています。この法会の別名を花会式《はなえしき》といいます。

では、花会式とはいったい、どのような法要なのでしょうか。今回は、具体的な花会式のあり方について、お話をしたいと思います。

二　修二会花会式のお供え

修二会の悔過法要は、ご本尊がお薬師さまですので、薬師悔過《やくしけか》が勤められます。平安時代の嘉承《かじょう》二年（一一〇七）に、時の堀河《ほりかわ》天皇の皇后さまがご病気になられました。堀河天皇は、皇后さまの病気平癒《へいゆ》を薬師寺修二会（薬師悔過法要）に祈願されました。その後、病気がめでたく本復なさいましたので、「そのお礼に」と宮中の女官の人々と造花をお作りになって、そのお花をお供えなさいました。これ以降、修二会薬師悔過法要は、親しく「花会式《はなえしき》」と呼ばれるようになったのです。

今は花屋さんへ行けば、四季を通してのいろいろな花がありますが、二月の冬の最中、その時期は、花はなかなかありません。そこで、造花を作って毎年の薬師寺修二会にお供えになったのです。書に「十種の造花」とありますように、桃・桜・牡丹・梅・杜若《かきつばた》・菊・百合《ゆり》・山吹・椿・藤の十種類のお花を、すべて薬草で色染めした和紙で作ります。お薬師さまに向かって右側が桃、左側が桜。それを木の枝に挿して、お供えします。月光菩薩さまの前には、山吹と百合です。日光菩薩さまの前は梅と杜若。そして、正面には牡丹です。全部で千六百九十六本もある十種類の造花を毎年作ります。このようなたくさんの造花を一《いち》・七日《しちにち》、薬師三尊の御宝前《ごほうぜん》にお供えし、悔過法要を勤めます。

さらに、薬師三尊の前に白い大根の輪切りの形にしたような御餅を階段状に供えます。これを壇供《だんぐ》といいます。七日間の悔過法要が満願《まんがん》を迎えると、造花と壇供をお配りします。壇供が全部で六百枚、造花が千六百九十六本。これをお世話になった皆さまにお配り

造花が供えられた金堂の薬師如来

します。赤い色は、熱冷ましの効能のある紅花からとります。黄色い色は、消化薬として知られる山梔子《さんしし》と蘗《きはだ》からとります。もう一つの黄色は午玉《ごおう》で、牛の肝臓にできる腫瘍《しゅよう》ですが、これがまた万病に効きます。そのような薬効のある成分で色染めしますので、例えばお腹が痛い時は黄色い花びらを取って水につけて飲む。すると痛みが霧散する。今のように、薬というのは簡単に手に入るものではありませんでしたから、お花に貴重な薬を染み込ませ、それを皆さんにお配りしていたのです。

「お花がいいですか、壇供がいいですか」とお尋ねすると、壇供を希望される方が多い。なぜならば、壇供は御餅で食べられるからです。そこで、「花より壇供」というようになり、転じて「花より団子」という言葉になりました。ですから、「花より団子」という言葉は、薬師寺の花会式から始まったのです。

一番大切なものは、御札です。御札は必ず中に印が押してあります。薬師寺の吉祥寶《きちじょうほう》という御札の中心に押してある黄色い印、これが牛玉《ごおう》そのものです。これも、先程お話しした牛の肝臓にできた腫瘍を擦《す》りつぶして水に溶かして、印のように押します。ですから、悔過法要というものは、ただただ声明《しょうみょう》を唱え悔過するだけではなく、有り難い御札やお薬をも多くの方々に廻施《えせ》する法要です。

三　悔過ということ

日頃私たちは、知らず知らずのうちに悪業《あくごう》（悪いおこない）を重ねています。法律に背くことはしていないと思っている人ほど、「私は悪いことをしていません」といわれますが、命を殺して食べていますし、人さまとさまざまにいがみあって暮らしています。これらはすべて煩悩《ぼんのう》による行為であり、人として生まれた以上、知らず知らずのうちにたくさんの悪を重ねているのです。だから、悔過がなされます。さまざまなお願い事を仏さまに祈願する前に、まず自分自身が反省しなければなりません。それが悔過ということです。「悔過」とは、私たちが生きる上で過去から犯してきたさまざまな過《あやま》ちを、本尊とする仏さまの前で「発露《はつろ》」することです。発露とは、声に出して謝《あやま》るということです。告白して仏さまに許しを請《こ》うのです。

仏教経典が中国語に翻訳されたとき、古くは悔過と訳されていましたが、その後、懺悔《さんげ》と訳されるようになりました。したがって、日本の奈良時代では主に悔過という言葉が用いられ、東大寺二月堂の十一面観音悔過《じゅういちめんかんのんけか》をはじめとして、奈良の諸寺院では盛んに薬師悔過・吉祥悔過・阿弥陀悔過などが勤められました。その後、悔過が懺悔という言葉に変わっていきます。この言葉は、近年では「ざんげ」と読まれることの方が多いようですが、本来は「さんげ」と読みます。なぜならば、サンスクリット語のクシャマーを音訳したものが「懺《さん》」（懺摩《さんま》）であり、意訳したものが「悔《け》」だったからです。したがって、懺悔と書いて「さんげ」と読みます。

「懺悔」とは、宗教における神や聖なる存在の前で罪を告白し、悔い改めることです。自分が犯した罪や過ちを反省し、神仏や他に許しを請《こ》い、身心の苦悩からの解放を求める宗教行為にほかなりません。また、これによって罪障が消滅し、行者は仏道を歩むことができるのです。

ところで、薬師寺では毎年、霊山である吉野の大峰山《おおみねさん》に入峰《にゅうぶ》修行に参りますが、その際は「懺悔《さんげ》、懺悔《さんげ》、六根清浄《ろっこんしょうじょう》」と唱えながらお山行《やまぎょう》をさせて頂いています。六根清浄とは、眼《げん》・耳《に》・鼻《び》・舌《ぜっ》・身《しん》・意《い》の執着《しゅうちゃく》が断じられて清らかになることで、声に出してお唱えすることにより日頃の悪業《あくごう》を悔過しているのです。また、『般若心経《はんにゃしんぎょう》』や『薬師経《やくしきょう》』『観音経《かんのんぎょう》』等のお経をお唱えする最初に、「我昔所造諸悪業、皆由無始貪瞋痴、従身語意之所生、一切我今皆懺悔」という「懺悔文《さんげもん》」を唱えます。その意味は、「私が今までに犯してきた数々の過ちは、すべて限りのない過去からの貪《とん》・瞋《しん》・痴《ち》という「貪《むさぼ》り」と「怒り」と「愚かさ」によるものです。これは私の身体や言葉や思いを通して犯したものです。だから私は今ここでこれらの過ちをすべて残らず告白し、許しを請います」というものです。この懺悔文は、『華厳経《けごんきょう》』「普賢行願品《ふげんぎょうがんぼん》」に出てくる言葉です。

私たちのすべての行為を「業《ごう》」といいます。あの人は業の深い人だなどといったりしますので誤解もあろうかと思われますが、業とは本来は行為の意味です。ですから、良くも悪くも、すべての行為を業といいます。今、私がこのように立っているのも業、座っているのも業、話しているのも業、聞いているのも業、すべて業なのです。その行為のなかで、善い行ないを善業《ぜんごう》、悪い行ないを悪業《あくごう》、善でも悪でもない行ないを無記業《むきごう》といいます。人の行為には善でも悪でもないものがあるのです。例えば、歩くこと。歩くという行為は、善くも悪くもない業ですから、無記業になります。しかし、歩いていてたまたま這《は》っていた虫を踏み殺してしまった。この瞬間に、無記業であった歩く行為は悪業になります。その時、踏み殺してしまって「あっ、ごめん」といって足を上げるのか、「歩いているおまえが悪いのだ」といって止めを刺すのかによって、私たちの罪の深さも変わってきます。「私はそんなことしていません」とおっしゃるお方もあるかも知れませんが、結構、私たちはそのような悪業を積み重ねています。それを知って犯している場合もあれば、知らず知らずのうちに犯している場合もあります。知って犯している罪と、知らず知らずに犯している罪がありますが、どちらが重いかといえば、知って犯す罪よりも知らず知らずに犯している罪の方が重いのです。なぜかといえば、自分が罪を犯しているという自覚がないからです。罪の自覚がなければ、さらに罪悪が積み重ねられていきます。ここに大きな問題があるのです。

私たちが悪業《あくごう》を積み重ねるのは、煩悩《ぼんのう》があるからです。薬師寺の教え（唯識《ゆいしき》）では、煩悩には六つの根本《こんぽん》煩悩と二十の随《ずい》煩悩があると教えていますが、その中でも特に貪欲《とんよく》・瞋恚《しんに》・愚癡《ぐち》（愚痴）の三つの煩悩を毒にたとえて三毒《さんどく》といいます。貪欲とは、むさぼる心です。人間というのは欲張りですから、物を見たら欲しくなる。すぐに買おうとします。しかし、そこでちょっと思い止まってください。まずは見るだけ。そして、他の用を済《す》ませて三十分程したら戻ってきてその品物の前に立ち、本当に欲しいか否か今一度、自問してみてください。そうすると、たいがい「もうやめておこう」となるのです。冷静な客観的な心がはたらかない時は、人は貪欲という煩悩によって、衝動的に欲しくなるのです。なかなか、やっかいな煩悩です。

次に、瞋恚というのは怒りです。怒りというのは、自分の思いどおりにならないものに対して起きます。自分にとって都合の良かった人が反対の意見をいうようになると、途端に悪い人になるのです。そうなると、相手に対して怒りの心が起きます。瞋という怒りの心は、すぐに忿《ふん》・恨《こん》・悩《のう》・害《がい》・嫉《しつ》という心に変わり、より具体的にはたらきます。相手を殴りつけたいほどに怒りが高じると忿という心になり、その激しい思いが内に潜むと恨み心となり、ついには懊悩《おうのう》します。一方、瞋の心が外に向かうと害と呼ばれる心になり、人を傷つけ、時には殺《あや》めてしまいます。また、他人の幸せを嫉妬するのも、瞋という怒りの心の姿です。まさしく、瞋こそ仏道の最大の障礙《しょうげ》なので、仏教では瞋の対局にある慈悲《じひ》を仏道の根幹にすえてきたのです。怒り心は、人間関係を砕き、喧嘩や戦争を引き起こす怖い心なのです。

最後の愚痴は、真理に暗い心です。正確には事理《じり》に暗い心ですので、仏教的真理はもちろんのこと、社会的真理（すなわち社会常識）にも暗い心であるといってよいでしょう。この心は無明とも訳されます。智慧の輝き（明）がないから無明であり、正しい眼（智慧）で真実の姿を見ることが出来ないので、愚かしいことばかりしてしまう。そこで、愚痴というのです。

このような煩悩によって人は突き動かされるので、苦悩が生じるのです。およそ、人の行為（業）は、身業《しんごう》・口業《くごう》・意業《いごう》で表現されます。身体で行う行為が身業、口で言葉を発する行為が口業、心に思う行為が意業です。なかでも、意業が根本であり、心に思ったことが身の上に現われて身業となり、口の上に現われて口業となります。したがって、心が問題なのです。

例えば、人を刺し殺す事件があったとしましょう。相手に対する激しい怒り心が意業となり、人を刺すという身業が生じます。このような事件を起こした人は法的に裁かれ、悪人とみなされます。しかし、ナイフで人を刺さなくても、言葉で「もうおまえなんか死んでしまえ」といったとしたら、これも人を殺していることと同じであると仏陀は教えてくださっています。たとえ、法的な処罰は受けなくても、言葉の暴力もまた悪業であり、人を殺していることになるのです。ですから、私たちの行為というものは、身体で行なう行動だけが行為ではなく、言葉も行為、心も行為なのです。これを身口意の三業《さんごう》といいます。

そこで、あらためて「懺悔文」を見てみましょう。「我昔所造諸悪業、皆由無始貪瞋痴、従身語意之所生、一切我今皆懺悔」とありました。私たちは今までに数々の過ちを犯してきました。知って犯す過ちもあれば、知らずに犯す過ちもありました。それらの過ちを私たちは、始まりもわからない遥か昔から、自らの身体や言葉や思いを通して犯してきたのであり、そのことをすべて告白し、許しを請います、と記されているのです。それほどに重大なことですので、声に出して懺悔しなければならないのです。声に出して自分で確認し、行動する。懺悔には、そのような一面もあるのです。

四　修二会花会式での悔過

花会式と呼ばれる薬師寺の修二会では、一《いち》・七日《しちにち》に亙り昼夜を通して十人の僧侶で悔過《けか》作法《さほう》がなされます。三月二十五日から三十一日までの一・七日間、一日六時の行法として勤修されます。一日六時とは昼夜を四時間ずつ六時（初夜《しょや》・半夜《はんや》・後夜《ごや》・晨朝《じんちょう》・日中《にっちゅう》・日没《にちもつ》）に分けたもので、これにのっとって悔過法要は一日に六回、勤められます。初夜の法要は午後七時から、それから続いて半夜の法要。後夜の法要は早朝の午前三時から行ない、続いて晨朝の法要。午後一時から日中の法要を行なって後、日没の法要が行なわれます。どの法要も一時間半くらい掛かります。一日に六回ですからもうほとんど一日中、お

初夜

日中

経を唱えているということになります。この六時の行法は、大きな声を出して、十人の僧侶（練行衆《れんぎょうしゅう》）が仏名を唱え、また途中で法螺貝《ほらがい》が鳴ったり、鐘《かね》が鳴ったり、太鼓《たいこ》が鳴ったりと、賑《にぎ》やかな法要です。

ある時、修学旅行で薬師寺を参拝した中学生が、この花会式の行に参加してくれました。お坊さんが大きな声でお経を唱えるは、法螺貝や太鼓や鐘が鳴るはで、びっくりしたそうです。後に、授業で感想文を書くことになり、作られた俳句の感想文の一つが「花会式坊主わいわい　鐘が鳴る」でした。まさにありのままを十七文字で表現した、とても素直で解りやすい俳句でした。それほどに、祈りや願いは大きな声を出し、真剣に仏さまに対峙しなければ届かないということです。そして、気づいてくださった仏さまに自覚・無自覚の罪を懺悔する。それが悔過法要なのです。

懺悔には他に、布薩《ふさつ》や自恣《じし》があります。布薩はウポーサタといって、半月に一回ごと犯した罪を告白し懺悔するものです。一方、自恣はパバラーナといって、互いに罪を告白し合いながら懺悔するものです。このように、一つの目標に向かって懺悔し合うことが大切なことなのです。それが伝統として伝えられているのが、薬師寺の場合は花会式であり、東大寺の場合は二月堂のお水取りです。東大寺の場合、一般的に「お水取り」とはいっていますが、それは三月十二日の未明に二月堂の下にある若狭井戸《わかさいど》から井戸水を汲んで十一面観音さまにお供えする部分を象徴的に称しているまでで、正式には「東大寺修二会十一面観音悔過法要」といいます。

さて次に、薬師寺の薬師悔過法要の次第を順に列挙すると、まず前作法。入堂して着座。時の鐘が鳴って時導師《じどうし》の登壇。声明《しょうみょう》は輪唱形式です。時導師が供養文《くようもん》を唱え、如来《にょらい》唄《ばい》、散華《さんげ》。前作法、荘厳《しょうごん》作法、嘆仏呪願《しゅがん》、称名悔過、礼仏《らいぶつ》懺悔、牛玉加持《ごおうかじ》、後作法となります。練行衆の僧侶も声がつぶれてしまい、七日目になったら声が出なくなってしまいます。それほどに厳しい薬師寺を代表する法要の一つなのですが、しかし薬師寺の僧侶だけで厳修《ごんしゅう》するわけではありません。南都仏教と呼ばれる奈良の仏教は、宗派を超えて法要を勤めます。したがって、薬師寺の僧侶を中心としつつ、他寺の僧侶も出仕いたします。真言律宗の僧侶、浄土宗の僧侶、融通念仏宗の僧侶、浄土真宗の僧侶というように、他宗派の僧侶も、修二会の七日間の行に出仕していただいています。

世の中で何が大切かと言えば、それは自分で実践することとです。そこで、仏教では「聞・思・修」を説き勧めます。正しく聞いて、深く考え、それを実践する。聞くことによって世界が開かれ（聞慧《もんえ(ね)》）、深く思量することで領解《りょうげ》が深まり（思慧《しえ》）、実践すること

礼仏懺悔

行中の加藤朝胤管主

鬼追い式

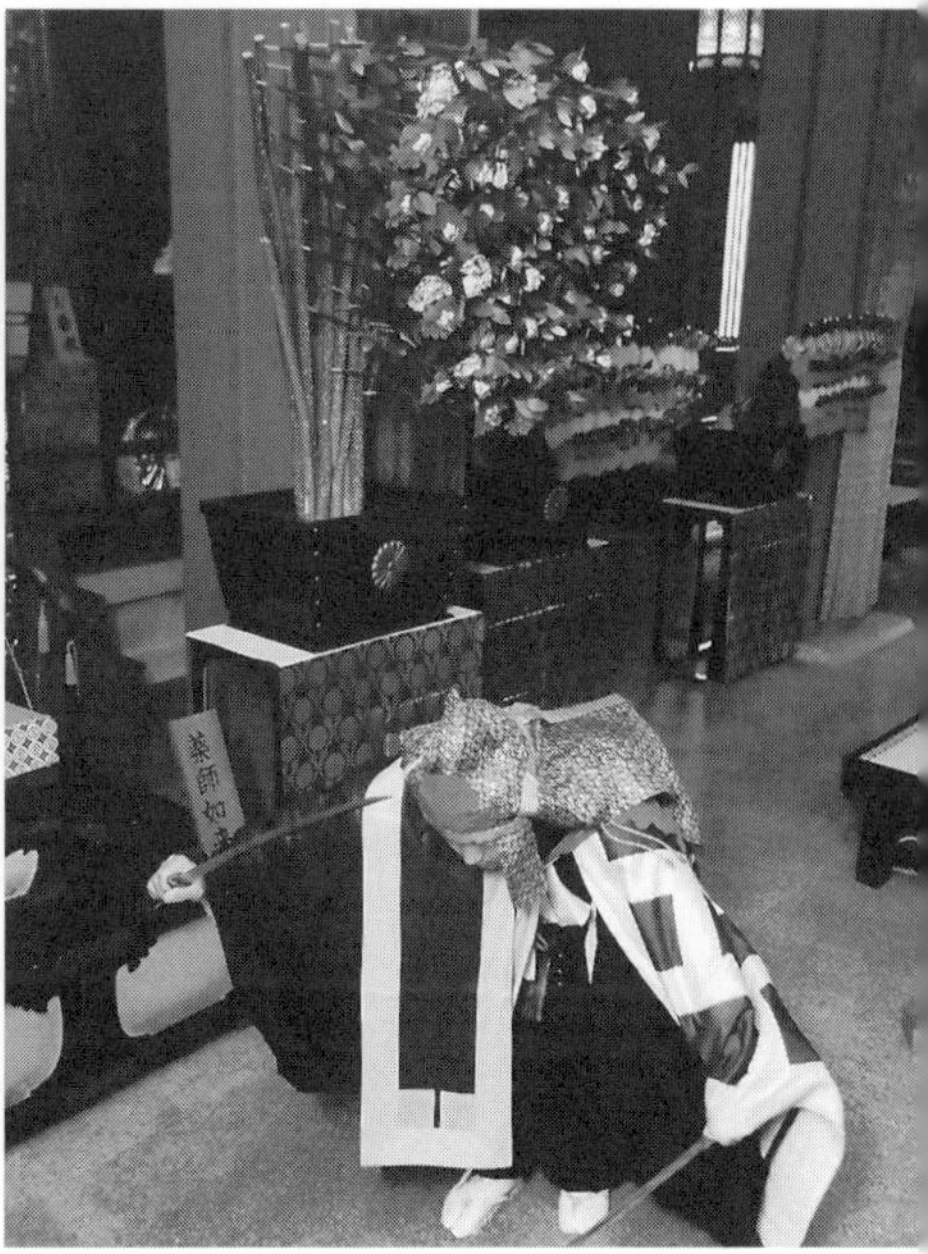

咒師作法

でありのままに見る（修慧《しゅえ》）ことができるようになるのです。そこで、薬師寺の花会式でもまた、聞・思を進めるなかで身体での実践を行ない、悔過《けか》します。すべての罪障《ざいしょう》を懺《さん》悔《げ》して一阿僧祇劫《あそうぎこう》というとてつもない時間をかけて修行していくと、ようやくにして穢《けが》れのない智慧（無漏智《むろち》）が現われ、ありのままに見るまなこ（修慧）を身につけることができます。そのための第一歩の一つが懺悔ですから、自分で悔過するということはとても大切なことなのです。

私は二十三歳の時に薬師寺の僧侶となって、故高田好胤《こういん》管長のもとで白鳳《はくほう》伽藍《がらん》の復興の種播きをしてまいりました。一所懸命、精一杯、勤めてまいりました。もっとも、精一杯するとはいっても、背伸びしては駄目です。背伸びしては長続きしません。行も同じです。何も難しいことをする必要はありません。自分でできることを続ける。それが行なのです。

五　お写経《しゃきょう》も行《ぎょう》

行というと、花会式のような悔過法要のみを思い浮かべられる方が多いでしょうが、ご本尊に向かって読経することばかりが行ではありません。日常生活の中で、誰でも簡単にできる修行方法があります。その一つが「お写経《しゃきょう》」です。『日本書紀』によれば、日本におけるお写経の歴史は天武《てんむ》二年（六七三）三月十七日に、写経生を集めて、川原寺《かわらでら》で一切《いっさい》経《きょう》の写経を行なったのが始めであると伝えられています。その後、聖武天皇が仏教を篤実恭敬《くぎょう》し奨励したため、お写経は一段と盛んになり、官立の写経所が設けられ、専門の写経生たちによって国家事業として、お写経が行なわれるようになりました。

お写経とは、仏教経典を書写することであり、または書写された経典のことです。お写経は、印刷技術がなかった時代に仏法を弘《ひろ》めるため、あるいは修行・講義・研究するために必要なものでした。したがって、経典流布の目的のみならず、成仏・善根《ぜんごん》・功徳《くどく》の思想に基づいて書写されるようになりました。平安時代以降は、仏法を弘めるということよりも個人的な祈願《きがん》成就《じょうじゅ》などの信仰のために行なわれるようになり、末法《まっぽう》思想が流行するとお写経した経典を経筒《きょうづつ》に納めて埋納《まいのう》する経塚《きょうづか》造営が行なわれるなど、日常生活に広く取り入れられてきました。

『法華経』には、「この経を受持《じゅじ》し、読誦《どくじゅ》し、解説《げせつ》し、書写《しょしゃ》し、説の如く修行すれば、よく大願を成就す」とあります。お経は文字を見るだけでも功徳があり、声に出して読誦すればさらに大きな功徳が得られるといわれています。自らの手で一文字一文字をお写経すれば、「一文字書写することによって仏像を一体作るに等しい功徳がある」といわれています。

薬師寺では、『般若心経』のお写経をお勧めしています。これは、故高田好胤管長が昭和四十三年から、「心の種まき運動」として始められたものです。そのお写経勧進《かんじん》も今年で満五十年です。ご承知のように、『般若心経』は、二百六十二文字の短いお経です。それを自分の手で書写し、薬師寺に納めていただくのですが、納められたお写経の数が五十年間で何と八百七十万巻（枚）にもなりました。その八百七十万巻の『般若心経』に、多くの方々の祈りや願いが込められており、現在は薬師寺のご本尊であるお薬師さまお膝元にお祀《まつ》りしてあります。継続することで、五十年の積み重ねが大きな力となり、歴史となりました。

このようなお写経は、もちろんわれわれ僧侶も日常生活のなかでいたしますが、広くお呼びかけしている薬師寺のお写経の特徴は、

① 宗教宗派を問いません。

② 薬師寺お写経道場でいつでもお写経ができます。

③『般若心経』『薬師経』『唯識三十頌《じゅ》』のお写経があります。
④筆だけでなく鉛筆でも書写できます。
⑤一度に全部書き上げなくても分けて書写することもできます。
⑥家族や友人と揃って書写することもできます。
⑦御祈願の内容は自由で一つには限りません。
⑧ご納経して頂くと永代供養いたします。
⑨ご納経三巻目よりご納経集印帳を贈呈します。

というものです。

お写経するときの心構えとして、よく「無心」になってとか、「無」になってなどといわれるお方がありますす。しかし、無心とか無などにはなかなかなれるものではありません。それじゃどうすればよいのかといえば、一所懸命考えるのです。何を考えるかといえば、失敗したこと、腹が立ったこと、良かったこと、嬉しかったことなど、何でもいいから集中して考えるのです。そうすると、なぜ悪い結果になったのか、あの判断が間違いの原因だったのか等々と、それまで思ってもみなかったことが想起されてきます。すべての出来

薬師寺でのお写経の様子

事には、必ず原因があって結果がある。この原因と結果を繋ぐものが「縁」です。お釈迦さま（釈尊・仏陀）の教えの基本は「縁起の法」であり、理路整然とした因縁果の道理が説かれています。奇跡など起きないということです。

ここに朝顔の種があって、朝顔の花を咲かそうと思ったら、種を播《ま》いてやらないと芽が出ません。では、播いたら花が咲くかといったら水をやらないといけないし、太陽の光も必要です。太陽の熱も暑すぎたら枯れてしまう場合もあるし、寒すぎたら芽が出ない場合もあります。水だって多すぎたら腐ってしまうかも知れないし、少なすぎたら枯《か》れてしまう場合もある。すべて縁によります。では、「縁」と何かということですが、簡単にいえば「条件」です。条件が整うと結果が生まれる。その結果が次の原因となって、新たな結果が生まれる。こうやってずっと連鎖していくのです。それが因縁果の道理です。

ところが、私たちには因縁果の道理がなかなかわかりません。腹が立った時には我を忘れて怒り狂い、うまくいった時には慢心して舞い上がります。今ある現象だけに執《とら》われて、原因と条件と結果の関係がわからなくなってしまっているのです。しかし、お写経しながら、あるいは坐禅しながら、一所懸命考えるのです。冷静になって、順序を追って一所懸命考えれば、なぜこんな悪い結果になったのかという原因が明らかになります。原因さえ明らかになれば、失敗したことを繰り返さなければよいのです。良いことならば、さらにそれを続けていけばよいのです。

行というものは、一つ一つの積み重ねです。出来ることを一つ一つ確実に続けることが、大切です。花会式の行では一日六回の勤行を七日間いたします。それくらい一所懸命お経を唱えないと、なかなか悔過の境地に到達できません。それほどに、私たちは罪深いのです。自覚、無自覚の罪をいかに懺悔するか、ということです。

六　むすび

昭和四十三年、薬師寺の故高田好胤管長に出会うご縁をいただき、私は薬師寺に入寺し、僧侶となりました。その後、何度か僧侶を辞めたいと思った時がありました。一番辛いのは朝のお勤めです。朝の勤行は一年を通して午前五時に始まります。一番厳しいのは、一月下旬から二月にかけてです。どれだけ寒いことか。約一時間ほどかけて金堂《こんどう》でお経を唱え、諸堂のすべてをお参りし、本坊に帰って一緒に朝ご飯を食べます。朝ご飯は御粥《おかゆ》です。身体が冷え切っているので、御粥をいただくとお腹へ温かいものが通っていくのがわかります。命を頂いているという実感が湧く一瞬です。しかし、すぐにまた思います。「お薬師さまさえいらっしゃらなければ朝起きしなくてもいいのに」「皆がまだ寝ている寒いなか暑いなかで、どうしてお経を唱えないといけないのか」「それも自分のためではなく五穀豊穣《ごこくほうじょう》・天下泰平《てんげたいへい》・風雨順時《ふううじゅんじ》・万民豊楽《まんみんぶらく》などの国民の幸せばかりを願うのか、どうして自分のことを願ってはいけないのか」等々と。しかし、年が経つにつれて、いつしか「お薬師さまにお参りさせていただけるということは有り難いことだな」と思うようになりました。なぜかというと、持統十一年（六九七）に開眼《かいげん》された白鳳時代を代表する世界一美しいお薬師さまの前に、その日の一番最初に座ることができるからです。最初は、「このお薬師さまさえいらっしゃらなければ」と愚かにも不平をいっていた私でしたのに、今では「お薬師さまがいてくださるからこそ朝早く起きることができる」「世界一素晴らしい仏さまに一番最初に出会うことができる」「私って選ばれているのだな」と思うようになりました。これも、すべては一行一行の積み重ねによるものでした。どうかぜひ一度、皆さま方も薬師寺へお参りしていただきたいものだと思います。

南《なん》都《と》の法《ほう》会《え》

―仏に成る道―

龍谷大学文学部教授 楠 淳證

一　はじめに

『唯識《ゆいしき》―こころの仏教―』（楠淳證編、自照社出版、二〇〇八年）所収の永村眞《ながむらまこと》（日本女子大学名誉教授）稿「中世興福寺の学侶《がくりょ》教育と法会」によると、法会は「仏法相承《そうじょう》を象徴する場」であるとともに「法悦《ほうえつ》を共有する場」であり、大きく分けてこれに「読経《どきょう》・講説《こうぜつ》・悔過《けか》・論義《ろんぎ》・修法《しゅほう》・説戒《せっかい》」という六種の法要を核とするものがあったと述べられています。

いわゆる、経典の読誦を柱とする読経（大般若経会《だいはんにゃきょうえ》など）、経論疏釈《きょうろんしょしゃく》の講演を柱とする講説（心経会《しんぎょうえ》・常楽会《じょうらくえ》・三蔵会《さんぞうえ》）、懺悔《さんげ》作法を柱とする悔過（修正会《しゅしょうえ》・修二会《しゅにえ》）、経論の義理を問答することを柱とする論義（三会《さんね》・三講《さんこう》のほか唯識会《ゆいしきえ》・法華会《ほっけえ》・慈恩会《じおんね》など）、密教作法による祈禱《きとう》を柱とする修法、戒律遵守のための戒文《かいもん》確認とそれに伴う悔過を柱とする説戒（布薩《ふさつ》）などの六種の法要が核となり、これに歌踊音曲《かぶおんぎょく》等が加わって構成されている一連の行事を「法会」と呼んでいたのです。

では、何のために法会はなされたのでしょうか。もちろん、五穀豊穣《ごこくほうじょう》・天下泰平《てんげたいへい》・風雨《ふうう》

東大寺修二会　3 月 12 日のお松明

順時《じゅんじ》・万民豊楽《まんみんぶらく》などの国家・国民の幸せのためであることはいうまでもありませんが、しかしその根幹にあったものは「仏道《ぶつどう》」に他なりませんでした。仏道には、仏果（悟り）に至る道程を指す場合と、仏果そのものを指す場合とがありますが、このたびは前者の「仏道」を明らかにしたいと考えました。そこで、二〇一五年度に比叡山《ひえいざん》（北嶺《ほくれい》）を舞台に「聖地に受け継がれし伝灯《でんとう》の行」を総合テーマとする講演を実施し、その成果を翌二〇一六年十月に『回峰行《かいほうぎょう》と修験道《しゅげんどう》―聖地に受け継がれし伝灯の行―』（楠淳證編、法藏館）として刊行いたしました。そして、二〇一七年度から二〇一八年度にかけて、「華やかな宗教儀礼」と考えられがちな「法会」に焦点をあて、聖地奈良（南都《なんと》）を舞台に「聖地に受け継がれし伝灯の法会」についての三つの講演（狹川・加藤・楠）を実施いたしました。その成果をこのたびの書籍としたわけですが、すでに狹川・加藤両氏の所述によって明らかにされましたように、広く「お水取《みずと》り」「花会式《はなえしき》」として知られている東大寺《とうだいじ》・薬師寺《やくしじ》の修二会《しゅにえ》（悔過法要を柱とする法会）は、まさしく「行《ぎょう》」そのものでした。単なる儀式ではなく「仏道」そのものであったことは明らかです。

では、それ以外の法会はどうだったのでしょう。本稿では悔過法要をも含む六種の法会の意義について述べるとともに、中世以降に急速に広まった「講式《こうしき》」を核とする今一つの講式法会（講会）についてもお話をし、もって「信仰がいかなる意味を有していたのか」「当時の仏僧の求めていたものは何だったのか」「人はどのように死にゆくべきであると考えられていたのか」等について話を進めていきたいと思います。

二　悔過《けか》の意義

法会は祝い事や願い事など、必ず目的をもって催《もよ》されます。そして、その目的を達成するため勤修《ごんしゅ》されるのが、核となる各種法要です。したがって、法要は法会の核であり、かかすことのできない「儀式」であったことは間違いありません。

六種の法要の内、東大寺や薬師寺等でなされる「修二会」の核をなす法要が「悔過《けか》」です。悔過法要は古くから全国的（東北から九州におよぶ）に行なわれてきた法要であり、正式には「修正月会《しゅしょうがつえ》」「修二月会《しゅにがつえ》」などと呼ばれ、新年をむかえるにあたって五穀豊穣《ごこくほうじょう》・天下泰平《てんげたいへい》・風雨順時《ふううじゅんじ》・万民豊楽《まんみんぶらく》などの国家・国民の幸せを願う「祈年《きねん》」の法要として実施されてまいりました。しかし、悔過の本質は何かといえば、実は「仏道」でした。かの有名な『大般若経《だいはんにゃきょう》』には、

花会式

至誠《しじょう》に悔過して旧《ふる》くからの慢心《まんしん》を捨て、真の善き友に親しみ敬い尊重し讃歎《さんだん》するならば、たとえ生死輪廻《しょうじりんね》することが多いとはいっても、後には般若波羅蜜多《はんにゃはらみった》を次第に修学《しゅがく》するようになり、必ずこのうえない悟りを開くでしょう。しかし、悔過できないようであれば慢心を捨てることができず、善き友にも親しめないので輪廻の後に善業を修する身となっても悟りは開けないでしょう。

（大正六・七〇三・中(*)／筆者取意）

＊「大正」は『大正新脩大蔵経』の略号。巻数と頁数と段を表す。以下同じ。

とあり、自己の過《とが》を悔《く》い改め、その過を生み出してきた煩悩《ぼんのう》（ここでは慢心）を捨てて仏道実践を行なっている善き友に親近《しんごん》・讃嘆等をすることによって、やがては輪廻の流れから仏道の流れに入り、般若波羅蜜多（智慧《ちえ》の行）を実践することで悟りを開くことができると記されています。また、華厳宗《けごんしゅう》の東大寺で根本の経典とされている『華厳経《けごんきょう》』にも、「菩薩摩訶薩《ぼさつまかさつ》の十種の道とは何か」と問う中で、

四つに行こそ是れ菩薩道《ぼさつどう》である。過《とが》を悔いて罪を除き功徳《くどく》を随喜《よろこ》び、無量の諸仏を

恭敬《くぎょう》・勧請《かんじょう》す。善く回向《えこう》を知るからである。（大正九・六五四・下／筆者取意）

といい、悔過除罪《けかじょざい》・随喜功徳《ずいきくどく》によって無量の諸仏を恭敬勧請《くぎょうかんじょう》することができる。それは回向をよく知っているからだと説かれています。この回向について同じく『華厳経』には、「どのようなものが菩薩の実践する第五無尽功徳蔵回向《むじんくどくぞう》であるか」と問う中で、

菩薩は悔過の善根を実践することで一切の業障《ごっしょう》を離れ、三世諸仏の無尽の善根を随喜《よろこ》ぶようになる。そして、すべての善根を回向することで清浄法《しょうじょうほう》に入り、受持し、実践するに至る。（大正九・四九七・上～下／筆者取意）

と説かれています。東大寺二月堂《にがつどう》の修二会では盛んに「回向」がなされますが、それは修二会の悔過法要が行者一人のためになされる狭い行法ではなく、万人のための仏道だったからで、その根拠の一つがここにも見られます。一方、薬師寺は法相宗《ほっそうしゅう》ですが、法相宗の開祖であった慈恩大師基《じおんだいしき》（六三二―六八二）の『法華玄賛《ほっけげんざん》』には、次のように述べられています。

悔過しなければ諸悪が発露《ほつろ》する。ましてや仏法《ぶっぽう》を信解《しんげ》して諸善法を実践することなどできはしない。
（大正三四・七五七・下／筆者取意）

と。これを見ると、悔過しなければ仏道実践が不可能となり、むしろ輪廻の原因となる諸悪が次々に発露すると述べられていたことが知られます。この慈恩大師の見解は、法相宗所依の論典の一つである『顕揚聖教論《けんようしょうぎょうろん》』にも見られるもので、悔過こそが仏道実践の基本中の基本であったと考えられていたことがわかります。ちなみに、「懺悔滅罪《さんげめつざい》」という言葉がありますが、これなどは種々の経論に説かれるもので、『金光明経《こんこうみょうぎょう》』には「懺悔滅罪伝」なるものまで掲載されています。したがって、懺悔には仏道を阻害する罪過を滅する効果のあることが広く認識されていたことは明らかです。そのあり方が行者個人のあり方から広く一切の衆生に向けられていったところに、東大寺や薬師寺等でなされた「修二会」の根幹的な意義があったといってよいでしょう。

三　論義《ろんぎ》の意義

このような悔過法要に対して読経・講説・論義は、仏徳讃嘆《ぶっとくさんだん》であると同時に、教義の研鑽《けんさん》をもって仏道を歩む道であったといってよいでしょう。なかでも「論義」は、南都の学侶《がくりょ》世界の中心をなす一大仏事でした。

そもそも、論義とは「問者と講師《もんじゃこうじ》」あるいは「問者と答者《たっしゃ》」の間でなされる教義をめぐる問答にほかなりません。その事始めは、白雉《はくち》三年（六五二）四月に唐（中国）より帰国した「学問僧《ものならうほうし》」である恵隠《えいん》を迎えて、内裏《だいり》において『無量寿経』を講じさせた際に、恵《え》資《し》なるものを論義者として聴衆《ちょうじゅ》一千をもって行なわれたのが最初であったと伝えられています。その後、延暦《えんりゃく》年間には興福寺維摩会《ゆいまえ》の竪義《りゅうぎ》（問答試験）が恒例となり、弘仁《こうにん》四年（八一三）には宮中御斎会《きゅうちゅうごさいえ》にも論義が付加されました。また、承平《じょうへい》七年（九三七）には維摩会に番論義《ばんろんぎ》（二人で一組となって問答する論義）が始行《しぎょう》され、永久《えいきゅう》元年（一一一九）には仙洞最勝講《せんとうさいしょうこう》においても番論義が始行されました。そして、平安時代の末にいたると南北両京の諸大寺の勅会《ちょくえ》等において、法会には必ず論義という研学的要素が加味され

薬師寺の論義（慈恩会）

るようになったのです。

　このようにして成立した種々の法会・講会の中で、南都（奈良）最大の法会ともいうべきものが、「南京三会《なんきょうさんね》」と呼ばれる三大勅会（興福寺の維摩会《ゆいまえ》・宮中太極殿《たいごくでん》の御斎会《ごさいえ》・薬師寺の最勝会《さいしょうえ》）でした。このうち最初に行なわれたのは「維摩会」であり、慶雲《けいうん》二年（七〇五／一説では三年）に藤原不比等《ふひと》（淡海《たんかい》）が始行したと伝えられています。これが後に、和銅六年（七一三）になって興福寺に移され、承和《じょうわ》元年（八三四）以降は毎年、恒例として行なわれるようになりました。次いで、「御斎会」が神護景雲《じんごけいうん》二年（七六八）に宮中において始行され、また「最勝会」が天長六年（八二九）に薬師寺において始行されました。

　学侶《がくりょ》は、これらの法会の論義の場に「聴衆《ちょうじゅ》」として臨み、まずは「竪義《りゅうぎ》」を受けました。竪義とは勅会における論義の席において、探題《たんだい》の示した論題に則して難を立てる問者に対して義をもって答えることで、要するに一種の試験です。この竪義を受ける者を竪者《りっしゃ》といい、また受者そのものを竪義とも呼びました。『釈家官班記《しゃっけかんぱんき》』によれば、この三大勅会の竪義を遂業《すいごう》したものを「得業《とくごう》」と称し、一つでも欠いた者は「准《じゅん》得業」とか「擬《ぎ》得業」などと称されたといいます。かくして、得業となった者は三会の講師への推請《すいしょう》がなされることとなり、承和元年（八三四）の宣下《せんげ》によって、これら「三会の労」を経た者を僧綱《そうごう》に任ずることが定められ、以降、三会は一代の晴儀《せいぎ》となり、盛観を極めることになったのです。

　また、三会が定着して後、その昇進システムを補完する意味でさらに「三講《さんこう》」が成立しました。すなわち、長保《ちょうほう》四年（一〇〇二）に「最勝講《さいしょうこう》」が始行され、永久《えいきゅう》元年（一一一三）には「仙洞《せんとう》最勝講」、天承元年（一一三一）には「法勝寺《ほっしょうじ》御《み》八講《はっこう》」が始行されました。これら三講の創設は、明らかに三会だけでは機能しえなくなった学侶の僧綱昇進の機会をより多く増やすことに起因があったといってよく、それにともなってますます論義研鑽の徹底化がなされることになりました。

　このような論義研鑽は、「いかにして仏道を歩むべきか」という課題を各宗の行者（学侶）につきつけることになりました。たとえば、私が専門とする唯識仏教（法相宗）では法相宗の根本論典である『成唯識論《じょうゆいしきろん》』について、何と千百有余もの論義テーマ（論題・科文《かもん》）が立てられましたが、その中に「いかにして仏道を歩むべきか」という問題を内在したテーマが幾つも見られるのです。その一つに「約入仏法《やくにゅうぶっぽう》」があります。このテーマは、岐阜《ぎふ》聖徳学園大学《しょうとくがくえんだいがく》の蜷川祥美《にながわさちよし》氏が初めて着目したものですが、そのいわんとするところは、仏道に入るには「信《しん》」が重要だとする点にあります。そして、この論義テーマをもとに鎌倉時代の唯識学匠である解脱房貞慶《げだつぼうじょうけい》（一一五五―一二一三）は、他宗から非難されてきた法相宗に内在する「無性闡提《むしょうせんだい》の難」を解決してしまいました。本来、法相宗は生きとし生きるもの（衆生《しゅじょう》）には先天的に五つの種類（声聞定姓《しょうもんじょうしょう》・独覚《どっかく》定姓・菩薩《ぼさつ》定姓・不定姓《ふじょうしょう》・無姓有情《むしょううじょう》）があり、なかでも無姓有情（一闡提）の中の無性闡提は永遠に仏になれない存在であると分析されていました。しかし、そうなると「自分は本当のところ無性闡提ではないのか」という不安が修行者の心に生じます。ところが、貞慶というお方は「約入仏法」の論義を手がかりとし、無性闡提が経典等に「信不具足《しんふぐそく》」（仏法を信じない者）と示されている点を根拠に、

唯識の教えを聞いてまったく疑いがなく、深く仏法を信じているのだから、私たちは一闡提ではない。

（筆者取意／拙著『心要鈔講読』九九～一〇〇頁）

という会通をしました。この一事を見ても明らかなように、まさしく論義は、教義を研鑽することによって仏道を実践していく道であったといってよいでしょう。

四　説戒《せっかい》の意義

説戒とは布薩《ふさつ》のことでもあり、十五日ごとに修行僧を集めて戒律の条文を読み聞かせ、半月の間に戒を犯さなかったか否かを確認させ、犯した者には表明させることにより、善《ぜん》事増長《じぞうちょう》と悪事除滅《あくじじょめつ》をはかるものでした。したがって、悔過の意味合いも帯びています。

もともと、釈尊《しゃくそん》（釈迦《しゃか》如来・仏陀《ぶっだ》）は自らのお弟子に対して「戒め」をお示しになるおつもりはなかったが、お弟子が増えてくるにしたがって不行跡をなす者も現われたので、「戒め」をお示しになられたと伝えられています。その後、教団から律せられる「律《りつ》」のあり方と自らが律する「戒《かい》」のあり方とが合して、「戒律《かいりつ》」と呼ばれるようになりました。

これを見るとき、釈尊のお示めしになられた「八正道《はっしょうどう》」のことが思い起こされます。釈尊は、仏の教えを信受《しんじゅ》し（正見《しょうけん》）、仏の教えにかなった考え方（正思惟《しょうしゆい》）、仏の教えにかなった言葉づかい（正語《しょうご》）、仏の教えにかなった振舞い（正業《しょうごう》）を毎日の生活（正命《しょうみょう》）の中で勤め励んで（正精進《しょうしょうじん》）行なえば、必ず仏の教えにかなった穏やかな心（正念《しょうねん》）を得て禅定瞑想《ぜんじょうめいそう》（正定《しょうじょう》）を行ない、私と同じように仏知見《ぶっちけん》（正見《しょうけん》）を開くことができるであろうとおっしゃいました。この仏陀のお教えにかなった暮し方こそ、戒律による止悪《しあく》作善《さぜん》（悪事をやめて善事をなす）の暮し方であり、それによって穏やかな正念の境地を得て、禅定実践する中で悟りを開いていく道（仏道）が示されていたのです。鎌倉初期の唯識学侶であった信願房良遍《しんがんぼうりょうへん》（一一九四―一二五二）の『唯識観用意《ゆいしきかんゆうい》』という書物を見てみると、

清浄《しょうじょう》の正見は清浄な尸羅《しら》（戒律）を起因としていることは、多くの経論に記されているところである。

（北畠典生《きたばたけてんせい》著『観念発心肝要集《かんねんほっしんかんようしゅう》の研究』永田文昌堂、一九九四年、二一〇～一二一頁）

とあり、八正道に示される正見を行者が得るには、まず戒律を遵守することが必要であると考えられていたことが知られるのです。したがって、説戒もまた、学侶の仏道実践の一環だったことがわかります。

なお、最後に残った「密教作法による祈禱を核とする修法」ですが、これは口に真言《しんごん》を唱え、手に印《いん》を結び、心に仏菩薩の姿を観じ、国家または個人のために行なう修法です。

他者のために行なう利他的行ですから、これも仏道の一環としてなされたものであったことは明白です。

以上のような六種の法要を核にすえた法会の実践は、次に「講式《こうしき》」を核とする「信仰」への展開を見せる講式法会、すなわち「講会《こうえ》」の出現をもたらすようになります。

五　講会《こうえ》と講式《こうしき》

『南都学《なんとがく》・北嶺学《ほくれいがく》の世界—法会と仏道—』（楠淳證編、法藏館、二〇一八年）所収のニールス・グュルベルク稿の「法会と講式—南都・北嶺の講式を中心として—」によると、「講は宗教的な共通目的のために集まった同心の集団」「講会は講の目的の再確認やメンバーの結束強化のために定期的に行なわれた法会のような儀式」「講式は講会の際に行なわれる儀式の流れを書き留めたもの」であったといいます。また、その原点は天台宗源信《げんしん》（九四二—一〇一七）の『横川首楞厳二十五三昧式《よかわしゅりょうごんにじゅうごさんまいしき》』にあったとし、そのほぼ九十年後に現われた三論宗《さんろんしゅう》の永観律師《えいかんりっし》（一〇三三—一一一一）によって講式は大きく発展したとも述べています。その要点をグュルベルク氏はさらに、次のように記しています。すなわち、

(1) 講式の冒頭にあえて「表白《ひょうびゃく》」と称される導入文を付け加えた。このことによって「式文《しきもん》」全体に対して「表白」という名称が使えなくなり、「表白」が導入文のみを指すようになった。

(2) 「表白」は本尊または三宝《さんぼう》一般に直接的に呼びかける文で始まり、必ず「つつしみうやまって○○○にまうしてまうさく」、または「うやまつて○○○にまうしてまうさく」という決まった形式で行なわれるようになった。

(3) 「表白」の最後に、各段の名称が列挙される。

(4) 「式文」には「段」が設けられ、各段に番号が付せられる。

(5) 各段の終わりに、伽陀《かだ》を唱える前に「○○○を礼拝すべし」などというように、全員に対して共同礼拝への参加が呼びかけられる。

(6) 各段の最後に必ず漢訳経典からとった漢文の伽陀《かだ》が付せられる。

(7) 「式文」の最後の段は、「廻向段《えこう》」となる。

とあります。このような特色を有した種々の講式（または講私記）が以降、次々に作られるのですが、主な講式とその作者をあげると、およそ次のようになります。

(1) 舎利《しゃり》講式――源信・覚鑁《かくばん》・貞慶《じょうけい》・源空《げんくう》・高弁《こうべん》、等。
(2) 観音《かんのん》講式――貞慶・高弁、等。
(3) 地蔵《ちぞう》講式――源信・覚鑁・貞慶、等。
(4) 弥勒《みろく》講式――貞慶・高弁、等。
(5) 涅槃《ねはん》講式――源信・高弁、等。
(6) 法華《ほっけ》講式――貞慶・凝然《ぎょうねん》・日像《にちぞう》、等。
(7) 薬師《やくし》講式――貞慶、等。
(8) 六道《ろくどう》講式――凝然、等。

なお、講式を数多く撰述した貞慶の諸講式には、『春日権現《かすがごんげん》講式』（高野山金剛三昧院《こんごうざんまいいん》／室町末書写）、『観音講式』（大正八四巻／建仁元年撰）、『観音講式』（興福寺／承元三年撰）、『欣求霊山《ごんぐりょうぜん》講式』（高野山金剛三昧院／建久七年撰）、『地蔵講式』（笠置寺《かさぎでら》／自筆・重文）、『舎利講式』（翰林拾葉《かんりんじゅうよう》一一巻／菩提院《ぼだいいん》・大谷大学・龍谷大学等蔵）、『聖徳太子《しょうとくたいし》講式』（翰

撮願舍利講式

先揚礼　三礼　如來唄

敬白大旦教主釋迦牟尼如來十方流布

遺身舍利同躰別躰一切三寶而言又

如來切德其深微妙三事圓通切德舍

容寂静安集超思議道畫未來際利

諸可情名ゝ方為人天尼法仏事徧回

生死往順入於真歸兩僧祇切不闕三

寶者今依本師如來大悲方便又人象

生值佛越遇遠以難量必得解脱蓮花

經ゝ今此三界皆是我有其中衆生悉

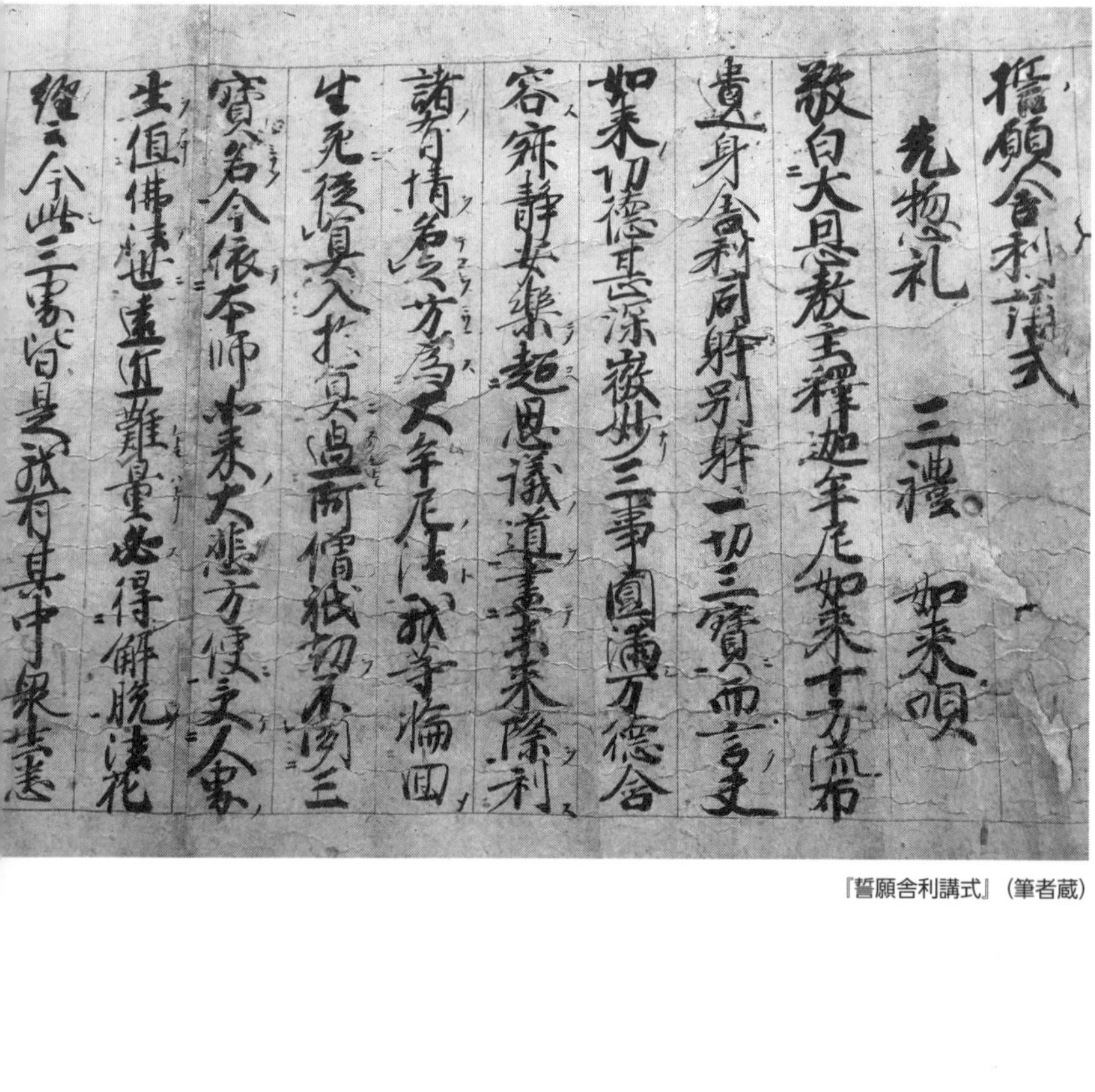

『誓願舎利講式』（筆者蔵）

林拾葉二〇巻）、『神祇《じんぎ》講私記』（天理大学）、『誓願舎利《せいがんしゃり》講式』（大谷大学等）、『道心祈請《どうしんきしょう》式』（東大寺）、『弁才天《べんざいてん》式』（龍谷大学）、『弁才天女《べんざいてんにょ》講式』（勝林院）、『法華講式』（高野山金剛三昧院／建仁元年撰）、『発心講式』（高野山大学図書館／足利中期写）、『弥勒講式』（大正八四巻／建仁元年撰／笠置寺／自筆・重文）、『弥勒講式』（笠置寺／自筆・重文／建長七年撰）、『弥勒講式』（笠置寺）、『薬師《やくし》講式』（高野山大学図書館／文保三年写）、『観世《かんぜ》音《おん》菩薩《ぼさつ》感應抄《かんのうしょう》』（東大寺図書館／内容は六段の講式）があり、これらの主なものを翻刻読解した『貞慶講式集《じょうけいこうしきしゅう》』が山田昭全《やまだしょうぜん》・清水宥聖《しみずゆうしょう》編として山喜房仏書林より二〇〇〇年に刊行されています。

貞慶撰述の講式は、論義（教学）の研鑽を通して培《つちか》われた仏教思想をもとに、自らの信仰を展開したものですが、そこに仏道実践との深い関わりを見ることができます。では、貞慶はなぜに諸尊を信仰したのでしょうか。なぜに「講式」を著わしたのでしょうか。実はそこに、「人は如何《いか》に死にゆくべきか」という人生の一大事が示されていたのです。

解脱上人貞慶絵像（海住山寺蔵）

六　講式に見られる貞慶の諸信仰

講式を通して確認できる貞慶の主な信仰としては、①釈迦《しゃか》信仰（舎利《しゃり》信仰）、②春日《かすが》権現《ごんげん》信仰、③文殊《もんじゅ》信仰、④地蔵《ちぞう》信仰、⑤弥陀《みだ》信仰、⑥弥勒《みろく》信仰、⑦観音信仰、⑧弁財天《べんざいてん》信仰があります。①の釈迦信仰は、すべての諸信仰の根底をなすもので、諸講式には次のように出てまいります。

敬《うやま》って舎利を讃嘆するのはなぜかといえば、釈尊はこの界の教主であり、舎利は釈尊《しゃくそん》の残された遺身だからである。

（『舎利講式』一段式／『貞慶講式集』三頁／筆者取意）

釈尊がこの世にお出ましになったからこそ衆生《しゅじょう》は済度《さいど》されることになった。その恩《おん》徳《とく》には深いものがある。ご在世に漏《も》れてしまい、今はお姿を見ることもお声を聞くこともできないが、聖教《しょうぎょう》にあい舎利にあって滅後の遺弟《ゆいてい》となることができた。仏道を歩んで輪廻の世界を出離《しゅつり》する責務は、ただ私の心にあるばかりである。

（『舎利講式』五段式／『貞慶講式集』一九～二〇頁／筆者取意）

釈尊は一代の教主である。恩徳は諸仏に超え、比べることなどできはしない。

（『弥勒講式』建久七年／『貞慶講式集』八一頁／筆者取意）

私（貞慶）の望むところは、ただひとえに釈尊の哀愍《あいみん》である。この世に生《しょう》を受ける者はもっぱら釈尊の引摂《いんじょう》を仰ぎ、深く釈尊のましますの霊山浄土《りょうぜんじょうど》を欣求《ごんぐ》すべきである。

（『欣求霊山講式』建久七年／『貞慶講式集』一二二頁・一二四頁／筆者取意）

釈尊は大恩教主である。

（『観音講式』建仁元年／『貞慶講式集』一六一頁／筆者取意）

（『法華講式』建仁元年／『貞慶講式集』一七七頁／筆者取意）

（『春日権現講式』／『貞慶講式集』二〇五頁／筆者取意）

などなど。これを見ると貞慶という人は、自己を釈尊の弟子（遺弟）と思い、釈尊こそが私たちの大恩ある教主であり、その教えにしたがって霊山浄土へ往生し、出離解脱の道を歩みたいとの思いをもっていたことがわかります。また、②の春日大明神については『春日権現講式』に、

大恩教主である釈迦如来や十二大願をお建てになった医王《いおう》といってよい薬師如来、あるいは六道《ろくどう》の衆生の救済者である地蔵菩薩、清涼山《しょうりょうせん》中にまします文殊菩薩、仏法護持の役割を担われた多聞天王《たもんてんのう》、あるいは法相宗を擁護して下さる春日大明神、総じてはすべての世界の仏宝《ぶっぽう》・法宝《ほうぼう》・僧宝《そうぼう》に申し上げる。（中略）春日大明神に、幼少の頃から加護を仰いですでに数十年がたった。今、私が志している発心《ほっしん》修行の要道や自行《じぎょう》化他《けた》のあり方も、すべて聖訓《しょうくん》をもとに行なってきたものである。春日大明神の一の宮の本地《ほんち》は釈迦如来であり、二の宮は薬師如来、三の宮は地蔵菩薩、四《し》の宮は十一《じゅういち》面《めん》観音、若宮《わかみや》は文殊菩薩、太刀辛雄《たじからお》大明神は不動明王《ふどうみょうおう》の分身《ふんじん》、榎本《えのもと》は多門天王《たもんてんのう》の化《け》身《しん》、金剛蔵王《こんごうざおう》の本地は弥勒菩薩である。（中略）どうぞ大聖《だいしょう》よ、私を加被《かび》して智慧を身につける修行を増進させ、魔障《ましょう》である煩悩《ぼんのう》を遠く退《しりぞ》かしめたまえ。

（『春日権現講式』／『貞慶講式集』二〇六〜二一〇頁／筆者取意）

とあるように、釈迦・薬師・地蔵・観音・文殊・不動明王・多聞天・弥勒を本地とする法相擁護の神としてあがめ、煩悩を断じて智慧を成ずる仏道の加被を求めていたことが知られます。また、③の文殊菩薩については『文殊講式』に、

私たちは遥か昔から輪廻を繰り返し、時には三途《さんず》（地獄・餓鬼《がき》・畜生）や八難《はちなん》（正《しょう》法《ぼう》を聞くことのない地獄・餓鬼・長寿天《ちょうじゅてん》・辺地《へんち》など）に堕《お》ち、そこから解脱《げだつ》するための菩提心《ぼだいしん》を発起することができずに今に至った。（中略）凡夫《ぼんぶ》はたとえ菩提心を発起したとしても、すぐに退転してしまう。（中略）しかし、過去の諸仏もまた、もとは輪廻の流れに埋没して苦悩していた凡夫である。もし私たちに仏性《ぶっしょう》という仏になる種があるなら、かならず未来には仏の列に加わることができるであろう。（中略）だからこそ、まずは大聖文殊の加被《かび》によって菩提心を発起すべきである。菩提心を発起するにおいて加被最深の尊者が覚母《かくも》とも称せられる文殊である。

（『文殊講式』／『貞慶講式集』一四三〜一四六頁／筆者取意）

とあるので、仏道に入るための根本である発菩提心の加被を文殊に願っていたことがわかります。また、④の地蔵菩薩については『地蔵講式』に、

もし三途《さんず》（地獄・餓鬼・畜生）苦難の世界に堕《お》ちたならば、地蔵菩薩はこれを助けて仏の教化を受けやすい善趣《ぜんしゅ》（人・天）の身として下さる。もし人天の素晴らしさに執《と》われて迷うた時は、地蔵菩薩は出離《しゅつり》の要門を勧め、導いて下さる。また、影のごとく私たちを加護して下さる。
（『地蔵講式』／『貞慶講式集』一一一頁／筆者取意）

といい、仏道を助けてくださる尊者として位置づけています。このように貞慶においては、釈迦・文殊・地蔵等の諸尊は仏道を助ける尊者として位置づけられていたのですが、では、⑤の弥陀、⑥の弥勒、⑦の観音についてはどのように位置づけられていたのでしょう。また、何を願っていたのでしょうか。

これについて『発心講式』には、「釈迦の恩に報ず」「弥勒の化を仰ぐ」「弥陀の願に帰す」という三段が示され、その奥書において、

修行にはすべてを全般的に行なう「広修《こうしゅ》」と一つのことのみを行なう「単修《たんしゅ》」とがある。私のような愚かなものは「単修」も「広修」も十分にできていない。うかうかしている内に時が流れ、人生も暮れ方にさしかかってきた。願うところはただ、世尊《せそん》の恩徳によって弥勒の化を受け、まずは弥勒のまします兜率天《とそってん》に往《ゆ》き、兜率天四十九院《しじゅうくいん》の中の安養浄土院《あんにょうじょうどいん》において阿弥陀如来にお仕えすることである。そして、やがて弥勒菩薩が兜率天より我々の住む娑婆《しゃば》世界に下生なさって仏と成られるときには随行して教えを聞き、弥勒仏円寂《えんじゃく》の後には西方極楽浄土《ごくらくじょうど》に往生《おうじょう》して不退転《ふたいてん》の菩薩となりたいものだ。愚かなる私の所望は以上のようなものだ。

（『発心講式』／『貞慶講式集』六〇頁／筆者取意）

とあるので、貞慶は阿弥陀如来の浄土に往生したいと考えていたことがわかります。そのための「釈迦の恩」「弥勒の化」であったことが確認できます。ところが、阿弥陀仏の浄土に往生するなどということは、とうてい「无始輪転《むしりんでん》」する「底下《ていげ》の異生《いしょう》」「常没《じょうもつ》の凡夫」「五逆愚迷《ごぎゃくぐめい》の凡愚《ぼんぐ》」（いずれも貞慶撰『愚迷発心集』に出る言葉）である自己には無理であ

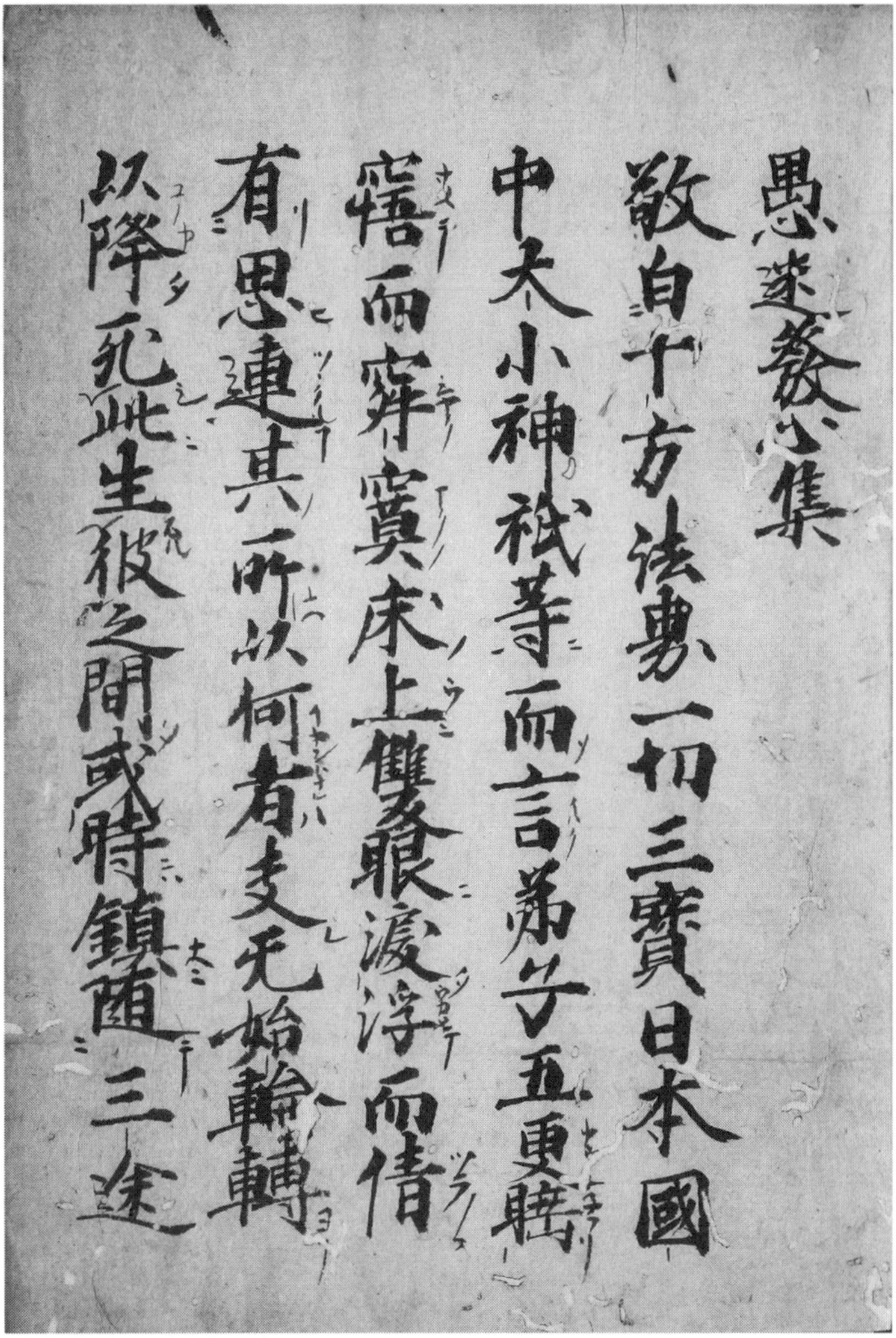
愚迷發心集
敬白十方法界一切三寶日本國
中大小神祇等而言弟子五更聴
寤而寂寞床上雙眼淚浮而倩
有思連其所以何者夫无始輪轉
以降死此生彼之間或時鎮隨三途

『愚迷発心集』（龍谷大学図書館蔵）

ると深く考え込むようになってから、貞慶の心は乱れます。

そこで次に欣求したのが弥勒浄土（兜率浄土）でした。弥勒の浄土についてはすでに弥陀信仰時代から関心を寄せていたことは上記引用の『発心講式』からも窺えますが、これについて『弥勒講式』には、

弥勒（逸多《いった》）は釈尊が亡くなられた後の仏処《ぶっしょ》を補って、五十六億七千万年後に下生して仏陀となられる尊者である。（中略）今、兜率天《とそってん》にましますが、その処を厳浄《ごんじょう》になさっておられる。したがって、兜率天は穢土《えど》の中に立てられた浄土である。（中略）そこには外院《げいん》と内院《ないいん》とがあるが、外院ですら五百億もの宝宮《ほうぐう》があり、言葉では説き尽くせないほどに素晴らしい。ましてや、弥勒菩薩のまします内院の四十九重の宝殿においては、なおさらである。一々の荘厳《しょうごん》はことごとく弥勒の内なる悟りの徳をあらわし、これを見る者は不退転《ふたいてん》の境地に至ることができる。その中で弥勒大聖は結跏趺《けっかふ》坐《ざ》なさり、たくさんの化仏《けぶつ》菩薩を引き連れ、光輝いておられる。その教化を本師釈迦も来たってお助けなさっておられる。（中略）宿世《すくせ》の機縁《きえん》によって兜率浄土に往生した者は、仏に見《まみ》え法を聞く功徳によって、菩薩の階位を速やかに進み、悟りを開くこ

とができるのである。（中略）弥勒菩薩が下生《げしょう》される時は私も共に下生し、誕生・出家の次第から降魔《ごうま》・成道《じょうどう》の儀式まで、すべてに随従し、見たいものだ。そして、私も正法《しょうぼう》を聞き持《たも》ち、無数の群れなす衆生を済度し、現在から未来にかけてさまざまな仏に歴仕し、十住《じゅうじゅう》・十行《じゅうぎょう》・十回向《じゅうえこう》・十地《じゅうち》と漸次《ぜんじ》に菩薩の階位を増進し、ついに華《け》王《おう》の宝座に昇って大覚《だいかく》の尊号を得たいものである。

（『弥勒講式』／『貞慶講式集』八一～九〇頁／筆者取意）

と述べており、輪廻の道から抜け出して仏道に入る初門として兜率浄土を位置づけていたこと、および見仏聞法《けんぶつもんぼう》の功徳によって十住・十行・十回向・十地という菩薩の階位を順次に進み、ついには仏陀となりたいという願いを吐露していていたことがわかります。したがって、貞慶の弥勒浄土信仰もまた、仏道実践のためであったことが確認できます。なお、この頃に釈迦の霊山浄土《りょうぜんじょうど》信仰も具現化し、ついには『別願講式』において、

昔は私たちの住む閻浮提《えんぶだい》に現われて釈迦と称し、やがて涅槃《ねはん》の相を示してお姿を消されたが、今は兜率天にあって弥勒となっていらっしゃる。

（平岡定海『東大寺宗性上人之研究並史料』下巻・二一七頁／筆者取意）

といい、釈迦・弥勒一体説による浄土信仰を展開するようになるのです。

ところが、あまり時を置かずして貞慶は、観音浄土への往生を欣求するようになりました。なぜでしょう。それは、仏道の根幹が「大悲行《だいひぎょう》」にあり、観音が「私と一緒に大悲の行を実践しよう」と願って下さっていたことに心を動かされたからでした。これについて『観音講式』には、

観音菩薩の世界は、私たちの住む娑婆《しゃば》（忍土＝苦を耐え忍ぶ世界）にあるが、その本質は浄土である。しかし、娑婆中に具現された浄土なので、どんな凡夫でも往きやすい世界である。しかも、観音菩薩が自ら行者に勧《すす》めて「私の浄土に生じて私と一緒に菩薩の行を実践しましょう」と呼びかけて下さっている。その菩薩の行こそが観音の本願に誓われた大悲行である。私もまた、今生《こんじょう》の父母《ふも》親族より始めて、今まで親子兄弟となったすべての衆生を救い導きたいものだ。そして、観音菩薩と同じように私もついには縁なきものをも救い取るという「無縁《むえん》の慈悲《じひ》」をおこし、無量の功徳を積

みたいものである。（『観音講式』／『貞慶講式集』一六八～一六九頁／筆者取意）

と述べられています。明らかに観音菩薩の「菩薩行」を「大悲行」としてとらえ、身近な者から縁なき者まで救い取りたいとの願いを示しているのです。まさしく仏道への切なる希求がそこにあったといってよいでしょう。さらに、

観音のお姿を拝し、そのご功徳を受ける時、釈迦大師の霊山《りょうぜん》浄土へも弥勒菩薩の兜《と》率《そつ》浄土へも死することなくして恣《ほしいまま》に往《ゆ》くことができる。その功徳の絶大なること、何にたとえられようか。ましてや、阿弥陀如来は観音の本師である。観音は阿弥陀如来がおかくれになった後、極楽《ごくらく》世界の仏処《ぶっしょ》を補って新たな仏となられる存在である。したがって、極楽浄土への往生に滞《とどこお》りを感じる者は、まずは観音のまします補陀落《ふだらく》浄土への往生を願いなさい。（『観音講式』／『貞慶講式集』一六七頁／筆者取意）

と述べ、より往きやすいのが観音浄土であり、観音の浄土にいったならば霊山浄土へも兜率浄土へも、はたまた極楽浄土へも往くことができると述べています。これは我が身の愚

迷を嘆いて極楽浄土への往生をいったん断念した貞慶にとっての新たな展開であったといってよいでしょう。そして、⑧の弁財天信仰は、その本地が観音であるところより展開したものでした。

このように、講会という講式法会においては、「信仰」がすべての中心になっていたことが知られます。その信仰の中でも中核をなすものが浄土信仰であり、弥陀・釈迦・弥勒・観音の四尊の浄土への往生を貞慶は望んでいました。それは安楽になることが目的ではなく、見仏聞法《けんぶつもんぼう》して仏道を実践し、一切の衆生を救済するためでした。そして、そのあり方を押し進めるために、三途八難《さんずはちなん》に沈んだ我が身を助けて善趣《ぜんしゅ》に生まれ変わらせてくれる地蔵、次いで善趣に生まれて仏道を志す発心を助けてくれる文殊、すべてのあり方を擁護してくれる舎利や春日大明神などをも信仰していたということがわかるのです。このような浄土願生に見る仏道への希求は、決して貞慶一人のみにあらわれたものではなく、南都の僧侶すべての根底に潜む思いであったといってよいでしょう。

七　臨終《りんじゅう》正念《しょうねん》と臨終《りんじゅう》来迎《らいこう》

貞慶の諸講式を見ていると、頻繁に出てくるのが「臨終正念」という言葉です。以下に主なものを列挙すると、およそ次のようになります。

① 三国の風儀によって、すでに内院《ないいん》を欣求す。臨終正念にして、すべからく本懐《ほんがい》を遂《と》ぐべし。　（『弥勒講式』／『貞慶講式集』八七頁）

② 臨終正念にして浄国に往生し、見仏聞法《けんぶつもんぼう》して不退の位に住せしめ、諸々の衆生と共に同じく菩提《ぼだい》を証《しょう》せん。　（『地蔵講式』／『貞慶講式集』一一一頁）

③ 臨終の夕べに正憶念《しょうおくねん》（正念《しょうねん》）に住し、瞑目《みょうもく》の刻《とき》に弥勒尊を礼《らい》し、衆生と共に都率《とそつ》天に住せん。　（『文殊講式』／『貞慶講式集』一五一頁）

④ およそ万善の志求《しぐ》は、もっぱら往生浄刹《じょうせつ》にあり。二世の大要はただ臨終正念のためなり。　（『春日権現講式』／『貞慶講式集』二一〇頁）

⑤ 第三には臨終加護《かご》。臨終の用意は二世の大要なり。もし平生《へいぜい》に深く錬磨《れんま》せざれば、

定んで最後に違乱《いらん》あるべし。一念の善悪は百年の行に過ぐ。順次《じゅんじ》の昇沈、ただこの事にあり。

（『観世音菩薩感應抄《かんのうしょう》』／『南都仏教』所収新倉和文《しんくらかずふみ》氏翻刻文をもとに筆者訓読）

と。貞慶は、実は「命の終わる時の心のあり方」に深く着目した人物でした。それは、講式がもともと「臨終の志」（仏道）を同じくするもの同士による結社から生まれたものであり、貞慶にもまた臨終を託す何人かの人々がいたといわれています。なぜに貞慶が臨終時を重視するのかについては、上記⑤の『観世音菩薩感應抄』に「順次生《じゅんじしょう》の昇・沈がかかっているからである」としていることで明らかです。要するに、臨終時に心に乱れ（違乱）が生じると正念を失することになるのですが、「第三臨終加護」を見てみると、それによって「来迎」を受けられなくなるとあり、まさに最後の一念にこそ順次の生の昇沈、すなわち「どこにどのような形で生まれるのか」という後生の一大事がかかっていたのです。

そこで、貞慶は教学論義の書である『唯識論尋思鈔《ゆいしきろんじんししょう》』においても「命終心相《みょうじゅうしんそう》」を作成し、また別に『臨終之用意《りんじゅうのゆうい》』『命終心事《みょうじゅうしんじ》』など、臨終に関する複数の書をも遺しました。その中でも仮名まじり文で平易に書かれた『臨終之用意』という書物には、次のように「死に往く人の心構え」と「死に往く人の看取《みと》りの仕方」が記されていました。以下に、ご紹介いたします。

① 人はいつ死ぬかわからない。普段でもそうなのに、病気になったときはなおさらである。つねに油断なく、臨終正念を願うべきである。最後の妄念《もうねん》は悪道に堕《お》ち入るもとになるから、病人が執《とら》われるようなことや、腹を立てるようなことは決していってはならない。病人が愛着をもっている財産なども側に置いてはいけない。魚や鳥などの肉を食べた人、お酒を飲んだ人、韮《にら》などを食べた人は、どんなに親しい人だといっても絶対に近づけてはいけない。また、誰が見舞いにきたかなどということも、いちいち病人に知らせてはいけない。知らせるなどということは故実にないことだ。枕元にいる人数も三〜五人程度にして、さわがしくないようにしなければならない。また、家の中で食欲をそそるような香ばしい魚を焼くなどは、もってのほかのことである。

（筆者意訳）

② 病人の居どころには、必ずその人が信仰している仏・菩薩の像を奉懸《ほうけん》し、常によいお香をたいて、病人が正念に住することができるようにすべきである。もし、病人に雑念が生じたならば、すみやかに神呪《じんじゅ》や宝号《ほうごう》などを勧めなさい。病人の問いごとには、心にさわらない程度で話してあげなさい。そして、語り終わったならば、何事も夢の夢といい、神呪を勧めなさい。臨終のときがきたならば、本尊を病人の目の前にむかえて、耳に口を寄せて「臨終ただいまですよ。聖衆《しょうじゅう》が光明《こうみょう》を輝かせてお迎えに来られた。神呪を唱えなさい」と勧め、病人の息に合わせて、早からず遅からず、一緒に唱えてあげなさい。息が絶えても、しばらくは唱えてあげなさい。そうすれば、悪道《あくどう》に堕ち入るはずだった人が、中有《ちゅうう》から身をあらためて、浄土に生じることができるでしょう。

（筆者意訳）

とあるように、臨終正念に住する必要性と、病人と看護者の心がまえを詳しく示しました。しかし、その内容を検証すると、次の二つのことがわかります。

(1) 臨終時に「妄念」を起こすと「正念」が乱れ、悪道（輪廻の世界）に堕ちる。

(2)「正念」に住することができれば「来迎」を受け、輪廻を離れて諸仏の浄土に往生することができる。

という二点です。私たちは「地獄と極楽」という言葉をよく耳にいたしますが、「地獄」は輪廻苦悩の世界を代表するものであり、一方「極楽」は安楽なる浄土を代表する世界です。禅定瞑想《ぜんじょうめいそう》をする中で「命の流転《るてん》」を見たインドの行者たちが、『瑜伽論《ゆがろん》』あるいは『倶舎論《くしゃろん》』という論典において、次のような記述を残しました。

衆生《しゅじょう》は四つの存在のあり方を示して輪廻《りんね》する。一つは中有《ちゅうう》であり、これは前生と後生との間のあり方をいう。二つには生有《しょうう》であり、これは命を結ぶ瞬間のあり方をいう。三つには本有《ほんぬ》であり、これは生を受けて終わってから死ぬ直前までをいう。四つには死有《しう》であり、これは死に臨む最後の一念をいう。

(『阿毘達磨倶舎論《あびだるまくしゃろん》』/大正二九・四六・上/筆者取意)

衆生が命を終えようとする時、一生の間に慣れ親しんできた「我愛《があい》」が強く起こり、「死んだらどうなるのか、どこに行くのか、まだ死にたくない」という強い執われ（妄念《もうねん》）を起こしてしまう。死を前にして心力も体力も衰えている時に、このような妄念を起こすとかえって衰弱し、衆生は速やかに死して「中有」に移っていくのである。（中略）中有となったものは、生縁《しょうえん》を得ると早いもので七日、あるいは十四日、二十一日、二十八日、三十五日、四十二日、どんなに遅いものでも四十九日たつと次の命に移っていく。

（『瑜伽師地論《ゆがしちろん》』／大正三〇・二八一下〜二八二中／筆者取意）

と記されています。これを見ると、私たちは自らなした悪業《あくごう》の結果として、生有《しょうう》・本有《ほんぬ》・死有《しう》・中有《ちゅうう》を繰り返すという生死《しょうじ》輪廻の苦悩を受けていることがわかります。輪廻とは、衆生が生死苦悩の世界を転々して繰り返すことをいいます。具体的には、地獄・餓鬼《がき》・畜生・修羅《しゅら》・人間・天の六道《ろくどう》世界を生まれかわり死にかわりすることで、苦悩が永劫《えいごう》にわたって尽きることがないという意味です。そんな輪廻苦悩の世界からの「出離《しゅつり》」「解脱《げだつ》」を説くのが仏教なのです。

そこで、今生において仏法に出遇った者は、そのご縁を喜んで学問・修行に励み、臨終時の「正念」によって「来迎」を受けて「浄土」に往生することで、輪廻の流れから「仏道」の流れに入って行こうとしました。そのあり方が「浄土信仰」となり、種々の講（結社）による「講式法会」の実修につながっていったものと考えられます。

八　むすび

東大寺修二会（俗称はお水取り）も薬師寺修二会（別名は花会式）も共に伝灯の法会ですが、心に「信仰」をもって実修あるいは参拝している人以外は、「伝統的文化行事」（文化儀礼）として、その華やかさを求めている傾向にあります。しかし、伝灯の法会は実は「行」そのものであり、「仏道」そのものでした。とはいえ、論義法会などを見ても、仏道の具体的なあり方である「信仰」面を直接的に打ち出すものではありませんでしたので、やがて必然的に同信のものによる「講」が作られ、「講式」による法会ができあがっていったといってよいでしょう。それは、仏道を実践するために信仰する諸尊の浄土に生まれて見仏聞法《けんぶつもんぼう》し、自利《じり》・利他《りた》の仏道を完遂していこうとする尊い道でした。

二〇一六年に刊行した『回峰行と修験道―聖地に受け継がれし伝灯の行―』では、北嶺と称された聖地比叡山での「行」をもとに、「仏に成る道」について探究いたしました。

光永覚道大阿闍梨（前作『回峰行と修験道―聖地に受け継がれし伝灯の行―』より転載）

これを受けて本書では、南都と称される聖地奈良において勤修《ごんしゅ》される法会に着目し、その意義を問うことにしました。その結果、南都の法会も北嶺の行も、共に仏に成ることを求めてなされている尊い「行」であることが再確認されたといってよいでしょう。

龍谷大学は、浄土真宗の宗門校です。比叡山で学問・修行なさった後、「この山の教えも行も素晴らしいが、私が愚かなばかりに生死輪廻の苦悩から解脱する道が見えてこない」と悩まれた親鸞聖人（一一七三—一二六二）は、ついに煩悩熾盛《しじょう》の凡夫であっても救われゆき、仏と成る道のあることを聞き開かれました。私たちのような凡夫が阿弥陀如来の常行大悲のはたらきに参画し、報恩謝徳の暮しを送る道もまた、仏道です。その一方で、南都・北嶺で実践されている尊い仏道もあります。これらの仏道を心に刻み、「どのように死んでいけばよいのか」「どのように生きていけばよいのか」を深く考えたいものです。

参考文献

①堀　一郎著『学僧と学僧教育』（未來社、一九七八年）
②山田昭全・清水宥編『貞慶講式集』（山喜房佛書林、二〇〇〇年）
③佐藤道子著『悔過会と芸能』（法藏館、二〇〇二年）
④楠　淳證編『唯識—こころの仏教—』（自照社出版、二〇〇八年）

⑤楠　淳證著『心要鈔講読』（永田文昌堂、二〇一〇年）
⑥楠　淳證編『回峰行と修験道―聖地に受け継がれし伝灯の行―』（法藏館、二〇一六年）
⑦楠　淳證編『南都学北嶺学の世界―法会と仏道―』（法藏館、二〇一八年）
⑧楠　淳證・舩田淳一編『蔵俊撰『仏性論文集』の研究』（法藏館、二〇一九年）
⑨楠　淳證著『貞慶撰『唯識論尋思鈔』の研究―仏道篇―』（法藏館、二〇一九年）

龍谷大学世界仏教文化研究センターと
龍谷大学アジア仏教文化研究センター

龍谷大学は、寛永十六年（一六三九）に西本願寺の阿弥陀堂北側に創設された「学寮」を淵源とする大学です。その後、明治維新を迎えると学制の改革が行われ、学寮も大教校・真宗学庠・大学林・仏教専門学校・仏教大学と順次に名称を変更し、大正十一年（一九二二）に今の「龍谷大学」となりました。

その間、およそ三百八十年もの長きにわたって仏教の研鑽が進められ、龍谷大学は高い評価を得てまいりました。そして平成二十七年四月、その成果を国内外に発信するとともに仏教研究の国際交流をめざす拠点として、「龍谷大学世界仏教文化研究センター」を設立いたしました。「龍谷大学アジア仏教文化研究センター」は、このような意図のもと設立された世界仏教文化研究センターの理念を具現化する研究機関です。

アジア仏教文化研究センターでは、文部科学省の支援事業に採択された「日本仏教の通時的共時的研究―多文化共生社会における課題と展望―」（二〇一五年度～二〇一九年度）をテーマとする研究プロジェクトを推進してきましたが、「文化講演会」ならびに「講演会シリーズの刊行」もまた、世界仏教文化研究センターの設立理念の一つである「社会貢献」を具現化したものに他なりません。

この度、本書『修二会 お水取りと花会式―聖地に受け継がれし伝灯の法会―』を刊行いたしましたが、これ機縁として、龍谷大学の設立した世界仏教文化研究センターならびにアジア仏教文化研究センターの諸活動に、さらなるご理解とご支援をたまわりますよう、茲に謹んでお願い申し上げます。

令和元年十一月二十三日

龍谷大学アジア仏教文化研究センター

センター長　楠　淳證

執筆者（掲載順）

狹川普文（さがわ　ふもん）

1951年、奈良県生まれ。63年、得度。75年、龍谷大学文学研究科修士課程仏教学専攻修了。75年、四度加行満行。77年、修二会新入、以来2015年まで30回参籠。2010年、東大寺執事長。16年5月、華厳宗管長・第222世東大寺別当就任。19年5月、再任されて現在、華厳宗管長・第223世東大寺別当就任。東大寺塔頭北林院住職。著書『東大寺―境内の四季と小さな命たち』（共著、ネイチュアエンタープライズ）など。

加藤朝胤（かとう　ちょういん）

1949年、愛知県生まれ。23歳で入山し、高田好胤和上に師事。日本大学法学部卒業。龍谷大学文学部仏教学科卒業。法相宗薬師寺教務執事、財務執事、執事長、法相宗宗務長を歴任。現在、薬師寺管主・まほろば塾塾長、薬師寺宝物管理研究所主任研究員。著書『自由な心になれる　般若心経エッセイ』、『今あるものに気づきなさい』『ラク～に生きるヒントが見つかる　般ニャ心経』（いずれも共著、リベラル社）など。

楠　淳證（くすのき　じゅんしょう）

奥付に別掲

写真提供

p. 1, 9, 20, 73：奈良市観光協会

p. 13：奈良市観光協会（写真 矢野建彦）

表紙, p. 7, 30上, 37上, 37下, 75：
　奈良市観光協会（写真 木村昭彦）

p. 30下, 33：奈良市観光協会（写真 植田英介）

表紙, p. 47, 51, 60, 63, 68, 78, 83,：
　法相宗大本山薬師寺

p. 92：楠淳證　　p. 94：海住山寺

p. 101：龍谷大学図書館　　p. 114：打田浩一

編者略歴

楠　淳證（くすのき　じゅんしょう）

1956年、兵庫県生まれ。龍谷大学文学部仏教学科卒業、龍谷大学大学院文学研究科博士後期課程単位取得満期退学、龍谷大学専任講師、助教授を経て、現在、龍谷大学文学部教授、アジア仏教文化研究センター長。専門は仏教学、特に唯識教学。著書『日本中世の唯識思想』（共著、永田文昌堂）、『論義の研究』（共著、青史出版）、『儀礼に見る日本の仏教—東大寺・興福寺・薬師寺』（共著、法藏館）、『唯識—こころの仏教』（編著、自照社出版）、『心要鈔講読』（単著、永田文昌堂）、『問答と論争の仏教—宗教的コミュニケーションの射程』（共著、法藏館）、『暮らしに生かす唯識』（単著、探究社）、『回峰行と修験道—聖地に受け継がれし伝灯の行』（龍谷大学アジア仏教文化研究センター文化講演会シリーズ1、編集、法藏館、2016年）『南都学・北嶺学の世界—法会と仏道』（龍谷大学アジア仏教文化研究叢書6、編著、法蔵館）、『蔵俊撰『仏性論文集』の研究』（龍谷大学アジア仏教文化研究叢書7、共編著、法藏館）、『貞慶撰『唯識論尋思鈔』の研究—仏道篇』（単著、法藏館）など。

龍谷大学アジア仏教文化研究センター
文化講演会シリーズ3

修二会　お水取りと花会式
——聖地に受け継がれし伝灯の法会

二〇二〇年一月一五日　初版第一刷発行

編　者　楠　淳證
発行者　西村明高
発行所　株式会社　法藏館
京都市下京区正面通烏丸東入
郵便番号　六〇〇－八一五三
電話　〇七五－三四三－〇〇三〇（編集）
〇七五－三四三－五六五六（営業）

ブックデザイン　田中　聡
印刷・製本　中村印刷株式会社

ISBN 978-4-8318-6432-1 C0015